# EASY ICHIBAN いちばん 일본어

**저자** 박나리, 김선혜, 김선리, 田立いずみ
**감수** 김조웅

**초급 2**

# 시작하는 글

요즘 학습자들은 콩글리시를 구사하기 싫어하듯이 코패니즈(바르지 못한 일본어) 또한 구사하기 싫어한다. 모두가 세련되고 정확한 일본어를 구사하고 싶어한다.

단기간의 일본여행에서도 다른 사람의 도움 없이 본인 스스로 일본사람들과 부딪치며 여행을 즐기고 싶어하며, 자막 없이 일본 드라마를 보고 싶어하는 요즘 학습자들은 모험을 즐길 줄 아는 참으로 대담하고 똑똑한 학습자들이다.

하지만, 지금까지 출간된 책들은 아무리 똑똑한 학습자들이더라도 2개월을 넘기지 못하게 만든 책들이 대부분이었다. 2개월까지 배우고 나면 그 이후의 내용이 갑자기 어려워지거나 혼란스러워져서 학습의욕을 잃어버리게 했기 때문이다.

그래서 이 책은 2개월을 넘어 기초 단계가 끝나는 4개월 째까지 자연스럽고 재미있게 학습할 수 있도록 난이도를 조절하였으며 다양한 콘텐츠를 이용해서 구성하였다. 특히 이 책의 특징 중의 하나는 형용사 보다 동사가 먼저 나온다는 점이다. 일본어를 처음 공부하는 학습자들에게 동사활용이 형용사보다 먼저 나오는 것이 어려울 수도 있지만 많은 양의 동사가 아니더라도 동사를 이용하여 일본어 회화 연습을 함으로써 학습자들의 흥미를 유발할 수 있기 때문이다.

학습자뿐 아니라 가르치는 교사로서도 실제로 수업에서 가르치는 순서대로 책의 내용을 구성하였기 때문에 쓸데없는 시간을 줄여 효율적이고 능률적으로 구성하였다.

어떤 내용을 어떤 순서로 가르치고 학습하느냐에 따라서 학습자들의 실력이 좌우되기 때문이다.

이 책을 통해 학습자와 교사 모두가 쉽고 재미있게 학습하여 중급코스까지 이어나가길 간절히 바란다.

저자 일동

# 본 교재의 구성과 특징

## 1 핵심 포인트

각 과에서 무엇을 배우고 익혀야 하는지 미리 제시하여 이해할 수 있게 하였습니다.

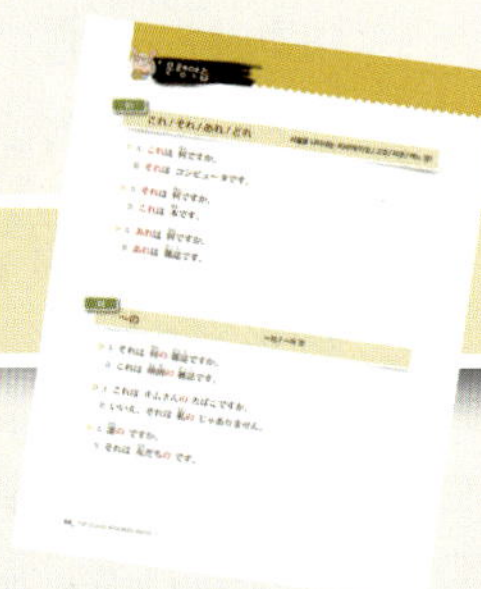

## 2 체크 포인트

핵심 포인트에서 알아 본 문형을 자세한 설명과 다양한 예문을 통해 쉽게 익힐 수 있도록 하였습니다.

## 3 문형연습

체크 포인트에서 학습한 문법을 다양한 문제를 통해 확인할 수 있게 하였습니다. 문제의 난이도는 3단계로 나누어 구성하여 쉬운 문제부터 풀면서 일본어에 자신감이 붙을 수 있도록 하였습니다.

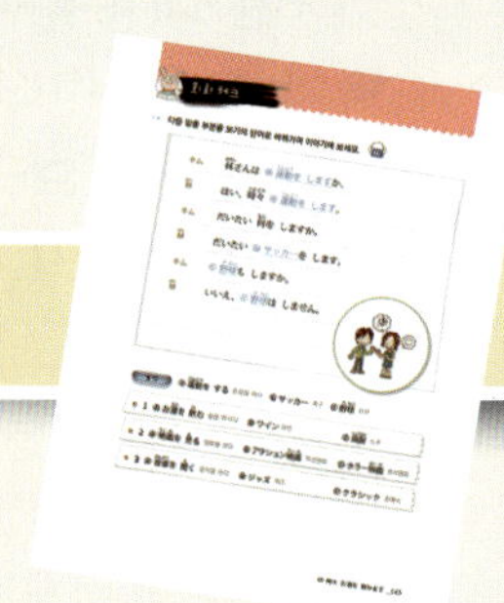

## 4 회화 체크

체크 포인트에서 학습한 문형을 이용해서 대화문을 만들어 보는 연습을 할 수 있게 하였습니다. 학습자들은 이 연습을 통해 앞에서 배운 문형이 대화에서 어떻게 응용되는지 익힐 수 있게 됩니다.

## 5 회화 본문

학생과 회사원, 남자와 여자 등의 등장인물을 통해 회화문의 내용을 보다 실생활에 밀접한 내용들로 다양하게 구성하였으며, 회화 본문을 다시 한번 천천히 들으며 따라 읽도록 하는 훈련을 통해 자신감 향상과 더불어 실전에 응용할 수 있도록 하였습니다.

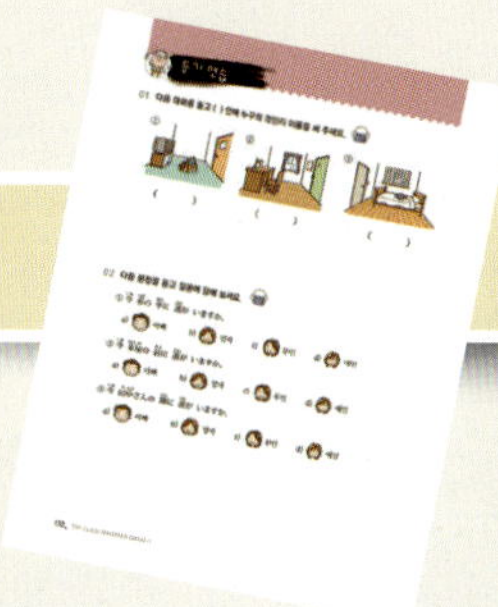

## 6 듣기 연습

각종 시험에서도 듣기 평가가 강조되고 있는 추세에 맞추어 각 과에 듣기 평가 문제를 수록하였습니다. 문제의 구성은 들으면서 즉시 응답할 수 있는 문제와 전체 내용을 파악한 후 O, X로 답해 보는 문제, 들으면서 문장을 적어 보는 연습 등 다양하게 구성하여 듣기와 쓰기 연습을 함께 할 수 있게 하였습니다.

## 7 단어 총정리

각 파트에서 나온 단어를 한 페이지에 정리하여 학습자들이 한 눈에 보며 암기하면서 듣고 말할 수 있도록 만들었습니다.

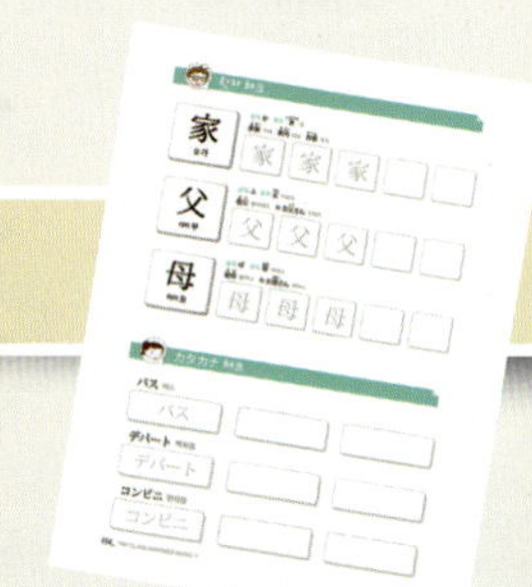

## 8 가타카나와 한자 체크

간판과 광고, 잡지 등 일상생활에서 흔히 볼 수 있는 가타카나와 한자를 통해 자연스럽게 학습할 수 있도록 하였으며 쓰기란을 두어 가타카나와 한자를 바르게 쓸 수 있는 연습을 할 수 있게 하였습니다.

✲독해 및 그림 연습 코너를 통해 다양한 방식으로 지금까지 학습한 내용을 이용해서 말해 보는 연습을 할 수 있도록 하였습니다.

# 목차

# 第01課 安(やす)くて おいしい 料理(りょうり)です

이번 과에서는 イ형용사의 긍정과 부정, 과거 표현 만드는 법을 알아보고 イ형용사가 명사를 꾸며주는 방법과 열거하는 방법도 함께 알아볼게요.

그럼, 핵심포인트를 살펴볼까요~

1. これは ちょっと 高(たか)いです。
   이것은 좀 비쌉니다.
2. これは あまり 高(たか)く ありません。
   이것은 별로 비싸지 않습니다.
3. 昨日(きのう)は とても 忙(いそが)しかったです。
   어제는 매우 바빴습니다.
4. 昨日(きのう)は あまり 忙(いそが)しく ありませんでした。
   어제는 별로 바쁘지 않았습니다.
5. 田中(たなか)さんは 優(やさ)しくて おもしろい 人(ひと)です。
   다나카 씨는 상냥하고 재미있는 사람입니다.

# 체크 포인트

## 01

**～いです** ～(ㅂ)니다

**～~~い~~ → く ありません** ～지 않습니다

- イ형용사는 기본형에 「～です」를 붙여서 정중형을, 기본형의 어미인 「い」를 지우고 「～く　ありません」을 붙여서 부정표현을 만든답니다.

▷ 明日(あした)、忙(いそが)しいですか。

▷ 今日(きょう)は　とても　寒(さむ)いですね。

▷ 今(いま)　あまり　気分(きぶん)が　よく　ありません。

忙(いそが)しい 바쁘다　寒(さむ)い 춥다　今(いま) 지금　あまり 그다지　気分(きぶん)が いい 기분이 좋다

## 02

**～~~い~~ → かったです** ～(ㅆ)습니다

**～~~い~~ → く ありませんでした** ～지 않았습니다

- イ형용사의 과거형은 어미 「い」를 지우고 「～かったです」나 「～く　ありませんでした」를 붙여서 만든답니다.

▷ 今日(きょう)は　とても　楽(たの)しかったです。

▷ 日本(にほん)の　天気(てんき)は　よかったですか。

▷ A　昨日(きのう)の　映画(えいが)は　どうでしたか。

B　あまり　おもしろく　ありませんでした。

楽(たの)しい 즐겁다　天気(てんき) 날씨　昨日(きのう) 어제　映画(えいが) 영화

**TIP**

♣「いい」의 활용
- よかったです
  좋았습니다
- よく　ありませんでした
  좋지 않았습니다

## 03 ～~~い~~ → くて　　～하고/해서

▷ 私(わたし)の 友達(ともだち)は 頭(あたま)が **よくて** かわいいです。

▷ 先生(せんせい)は **おもしろくて** 背(せ)が **高(たか)くて** 親切(しんせつ)な 方(かた)です。

▷ 昨日(きのう) 頭(あたま)が **痛(いた)くて** 学校(がっこう)を 休(やす)みました。

友達(ともだち) 친구　　頭(あたま)が いい 머리가 좋다　　かわいい 귀엽다　　背(せ)が 高(たか)い 키가 크다
親切(しんせつ) 친절함　　方(かた) ~분　　頭(あたま)が 痛(いた)い 머리가 아프다　　休(やす)む 쉬다

> **TIP**
> ♣「いい」의 활용
> • よくて 좋고, 좋아서

## 04 ～い + [명사]　　～인/은/는/한

▷ **いい 天気(てんき)**ですね。

▷ 毎晩(まいばん) **冷(つめ)たい ビール**を 飲(の)みます。

▷ 昨日(きのう)、**おもしろい 映画(えいが)**を 見(み)ました。

毎晩(まいばん) 매일 밤　　冷(つめ)たい 차갑다　　飲(の)む 마시다　　見(み)る 보다

## 05 どんな [명사]ですか　　어떤 ~입니까?

▷ A 林先生(はやしせんせい)は **どんな 人(ひと)ですか**。
　B 親切(しんせつ)で やさしい 人(ひと)です。

▷ A **どんな 映画(えいが)でしたか** 。
　B おもしろい 映画(えいが)でした。

どんな 어떤　　やさしい 상냥하다

# 체크 포인트

TIP

| イ형용사 | | 긍정형 | 부정형 |
|---|---|---|---|
| おもしろい<br>재미있다 | 현재 | おもしろいです<br>재미있습니다 | おもしろく ありません<br>재미있지 않습니다 |
| | 과거 | おもしろかったです<br>재미있었습니다 | おもしろく ありませんでした<br>재미있지 않았습니다 |

♣ 대표적인 イ형용사

| 高(たか)い 비싸다, 높다 | 安(やす)い 싸다 | 暑(あつ)い 덥다 | 寒(さむ)い 춥다 |
|---|---|---|---|

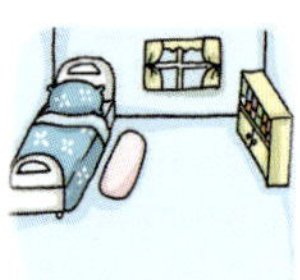

| 広(ひろ)い 넓다 | 狭(せま)い 좁다 | 明(あか)るい 밝다, 명랑하다 | 暗(くら)い 어둡다 |
|---|---|---|---|

| 新(あたら)しい 새롭다 | 古(ふる)い 오래되다 | 大(おお)きい 크다 | 小(ちい)さい 작다 |
|---|---|---|---|

早(はや)い 빠르다

遅(おそ)い 늦다

いい・よい 좋다

悪(わる)い 나쁘다

おいしい 맛있다

忙(いそが)しい 바쁘다

おもしろい 재미있다

楽(たの)しい 즐겁다

♣ 색깔을 나타내는 형용사

赤(あか)い 빨갛다

青(あお)い 파랗다

黄色(きいろ)い 노랗다

白(しろ)い 희다

黒(くろ)い 검다

茶色(ちゃいろ)い 갈색이다

## 문형연습

**01** 다음 예와 같이 문장을 만들어 보세요.

예 キムさんの 部屋(へや)・広(ひろ)い / はい、とても・いいえ、あまり

A キムさんの 部屋(へや)は 広(ひろ)いですか。

B1 はい、とても 広(ひろ)いです。

B2 いいえ、あまり 広(ひろ)く ありません。

① パクさんの けいたい・新(あたら)しい / いいえ、あまり

A ______________________________。

B ______________________________。

② 明日(あした)の 天気(てんき)・いい / いいえ、あまり

A ______________________________。

B ______________________________。

③ 今日(きょう)・忙(いそが)しい / いいえ、あまり

A ______________________________。

B ______________________________。

④ この 料理(りょうり)・辛(から)い / はい、とても

A ______________________________。

B ______________________________。

部屋(へや) 방　広(ひろ)い 넓다　けいたい 휴대전화　新(あたら)しい 새롭다　料理(りょうり) 요리　辛(から)い 맵다

## 02 다음 예와 같이 문장을 만들어 보세요.

예 旅行(りょこう)・楽(たの)しい / はい・いいえ

A 旅行(りょこう)は 楽(たの)しかったですか。

B1 はい、楽(たの)しかったです。

B2 いいえ、楽(たの)しく ありませんでした。

① 映画(えいが)・おもしろい / いいえ、あまり

A ____________________。

B ____________________。

② 食(た)べ物(もの)・おいしい / はい、とても

A ____________________。

B ____________________。

③ 昨日(きのう)・暑(あつ)い / いいえ

A ____________________。

B ____________________。

④ 物価(ぶっか)・高(たか)い / はい

A ____________________。

B ____________________。

旅行(りょこう) 여행　食(た)べ物(もの) 음식　おいしい 맛있다　暑(あつ)い 덥다　物価(ぶっか) 물가　高(たか)い 높다

## 문형연습

**03** 다음 예와 같이 문장을 만들어 보세요.

예 友達(ともだち)は 背(せ)が 高(たか)くて 優(やさ)しい 人(ひと)です。
(背(せ)が 高(たか)い＋優(やさ)しい)

① プサンは＿＿＿＿＿＿＿＿＿＿＿＿ところでした。
(刺身(さしみ)が 安(やす)い＋おいしい)

② ＿＿＿＿＿＿＿＿＿＿＿＿服(ふく)です。
(色(いろ)が いい＋かわいい)

③ ＿＿＿＿＿＿＿＿＿＿＿＿部屋(へや)です。
(明(あか)るい＋広(ひろ)い)

④ 私(わたし)は＿＿＿＿＿＿＿＿＿＿＿＿人(ひと)が タイプです。
(おもしろい＋スポーツが 上手(じょうず)だ)

刺身(さしみ) 회　安(やす)い 싸다　色(いろ) 색　服(ふく) 옷　明(あか)るい 밝다　スポーツ 스포츠　上手(じょうず)だ 잘하다　タイプ 타입

## 회화 체크

•• 다음 밑줄 부분을 보기의 단어로 바꿔가며 이야기해 보세요. 01

林(はやし)　ⓐ PMPと ⓑ MP3と どちらが いいですか。

キム　ⓐ PMPの ほうが いいです。

林(はやし)　ⓐ PMPは ⓒ 高(たか)く ありませんか。

キム　少(すこ)し ⓒ 高(たか)いですが、ⓑ MP3より ⓓ 便利(べんり)で いいです。

林(はやし)　そうですか。

**보기**　ⓐ PMP　ⓑ MP3　ⓒ 高(たか)い 비싸다　ⓓ 便利(べんり)だ / いい 편리하다 / 좋다

1 ⓐ 韓国料理(かんこくりょうり) 한국 요리　ⓑ 日本料理(にほんりょうり) 일본 요리
ⓒ 辛(から)い 맵다　ⓓ 量(りょう)が 多(おお)い / おいしい 양이 많다 / 맛있다

2 ⓐ Aマート A마트　ⓑ Kマート K마트
ⓒ 遠(とお)い 멀다　ⓓ 大(おお)きい / 物(もの)が 安(やす)い 크다 / 물건이 싸다

3 ⓐ 北海道(ほっかいどう) 홋카이도　ⓑ 東京(とうきょう) 도쿄
ⓒ 寒(さむ)い 춥다　ⓓ 広(ひろ)い / 食(た)べ物(もの)が おいしい 넓다 / 음식이 맛있다

다나카가 대학원 동기와 점심메뉴에 대해 이야기 하고 있어요.

## 회화

# 安(やす)くて おいしい 料理(りょうり)です

02

**田中** もう、昼休(ひるやす)みですね。お昼(ひる)、いっしょに食(た)べませんか。

**同級生** ええ、そうしましょう。

**田中** メニューが たくさん ありますね。安(やす)くて おいしい 料理(りょうり)は ありますか。

**同級生** 「낙지볶음」は どうですか。ちょっと 辛(から)いですが、安(やす)くて おいしいですよ。

**田中** 「낙지」は 何(なん)ですか。

**同級生** 小(ちい)さい たこです。

**田中** そうですか。
じゃ、それを 食(た)べます。

昼休(ひるやす)み 점심시간　お昼(ひる) 점심　いっしょに 같이　食(た)べる 먹다　メニュー 메뉴
ちょっと 좀　辛(から)い 맵다　小(ちい)さい 작다　たこ 문어

## 듣기 연습

**01** 다음 문장을 듣고 알맞은 그림을 고르세요. 03

①

a  b 

②

a  b 

③

a  b 

④

a  b 

**02** 다음 대화를 듣고 맞는 문장에는 ○, 틀린 문장에는 ×를 하세요. 04

① キムさんは おもしろい 映画(えいが)の ほうが 好(す)きです。 (　　)

②「여고괴담」は あまり 怖(こわ)く ありませんでした。 (　　)

③ キムさんは 「여고괴담」を 見(み)ませんでした。 (　　)

# 단어 총정리

## 체크 포인트 05

| | | |
|---|---|---|
| ❑ 忙(いそが)しい 바쁘다 | ❑ 天気(てんき) 날씨 | ❑ 頭(あたま)が 痛(いた)い 머리가 아프다 |
| ❑ 寒(さむ)い 춥다 | ❑ 昨日(きのう) 어제 | ❑ 毎晩(まいばん) 매일 밤 |
| ❑ あまり 그다지 | ❑ 頭(あたま)が いい 머리가 좋다 | ❑ 冷(つめ)たい 차갑다 |
| ❑ 気分(きぶん)が いい 기분이 좋다 | ❑ 背(せ)が 高(たか)い 키가 크다 | ❑ どんな 어떤 |
| ❑ 楽(たの)しい 즐겁다 | ❑ 親切(しんせつ) 친절함 | ❑ やさしい 상냥하다 |

## 문형연습 06

| | | |
|---|---|---|
| ❑ 部屋(へや) 방 | ❑ 食(た)べ物(もの) 음식 | ❑ 服(ふく) 옷 |
| ❑ 広(ひろ)い 넓다 | ❑ 暑(あつ)い 덥다 | ❑ 明(あか)るい 밝다 |
| ❑ 料理(りょうり) 요리 | ❑ 物価(ぶっか) 물가 | ❑ タイプ 타입 |
| ❑ 辛(から)い 맵다 | ❑ プサン 부산 | |
| ❑ 旅行(りょこう) 여행 | ❑ 色(いろ) 색 | |

## 회화 본문 07

| | | |
|---|---|---|
| ❑ もう 벌써 | ❑ メニュー 메뉴 | ❑ ちょっと 좀 |
| ❑ 昼休(ひるやす)み 점심시간 | ❑ たくさん 많이 | ❑ 辛(から)い 맵다 |
| ❑ お昼(ひる) 점심 | ❑ 安(やす)い 싸다 | ❑ 小(ちい)さい 작다 |
| ❑ いっしょに 같이 | ❑ おいしい 맛있다 | ❑ たこ 문어 |

## 듣기 연습 08

| | | |
|---|---|---|
| ❑ スカート 치마 | ❑ サービスが いい 서비스가 좋다 | ❑ 怖(こわ)い 무섭다 |
| ❑ 短(みじか)い 짧다 | | ❑ 本当(ほんとう)に 정말로 |

## 한자 체크

# 安

편안할 안

음독 あん　훈독 安(やす)い 싸다

安定(あんてい) 안정

安 安 安

# 小

작을 소

음독 しょう　훈독 小(ち)さい 작다

小学生(しょうがくせい) 초등학생

小 小 小

# 昼

낮 주

음독 ちゅう　훈독 昼(ひる) 낮, 점심

昼食(ちゅうしょく)

昼 昼 昼

## カタカナ 체크

マート 마트

マート

ソウル 서울

ソウル

ピザ 피자

ピザ

# 第02課 お金(かね)が 一番(いちばん) ほしいです

이번 과에서는 희망을 나타내는 표현과 두 가지 동작을 동시에 나타내는 표현과 두 개의 사물을 비교하는 비교급도 함께 알아볼게요.

그럼, 오늘의 핵심 포인트를 살펴볼까요~

1. お金(かね)が ほしいです。
   돈이 있었으면 좋겠습니다.

2. カバンより けいたいの ほうが ほしいです。
   가방보다 휴대전화를 더 갖고 싶습니다.

3. 週末(しゅうまつ)は 旅行(りょこう)に 行(い)きたいです。
   주말에는 여행을 가고 싶습니다.

4. お茶(ちゃ)でも 飲(の)みながら 話(はな)しましょう。
   차라도 마시면서 이야기합시다.

# 체크 포인트

## 01 ～が ほしい　～을/를 갖고 싶다/원하다/있었으면 좋겠다

- 소유나 희망을 나타내는 「ほしい」는 마지막이 「～い」로 끝나기 때문에 イ형용사처럼 활용하는 조동사랍니다.

▷ 私は お金は あまり **ほしく ありません**。時間**が ほしい**です。

▷ 子供の 時は 妹**が ほしかった**です。

▷ A 何**が ほしい**ですか。
　B 恋人**が ほしい**です。

お金 돈　時間 시간　子供の 時 어렸을 때　妹 여동생　恋人 애인

**TIP**

♣ 3인칭 주어일 경우에는 「ほしがる」로 표현한답니다.

- パクさんは PMPを **ほしがって** います。
  박 씨는 PMP를 가지고 싶어 합니다.

## 02

## ～と ～と どちらが ～か　～랑 ～랑 어느 쪽이 ～(ㅂ)니까?
## ～より ～の ほうが ～です　～보다 ～쪽이 ～(ㅂ)니다

두 가지의 사물이나 사항을 비교할 때 쓰는 문형이랍니다.

▷ A 香水と 花と どちらが ほしいですか。
　B 香水より 花の ほうが ほしいです。

▷ A 日本料理と 韓国料理と どちらが 好きですか。
　B 日本料理より 韓国料理の ほうが 好きです。

香水 향수　　花 꽃　　好きだ 좋아하다

**TIP**

♣ ～の 中で ～が 一番 ～　～중에서 ～이/가 제일 ～(ㅂ)니다

A　スポーツの 中で 何が 一番 好きですか。스포츠 중에서 무엇을 제일 좋아합니까?

B　サッカーが 一番 好きです。축구를 제일 좋아합니다.

# 체크 포인트

## 03 [동사의 ます형] ～たい　～(하)고 싶다

▷ お腹が すきました。何か 食べたいです。

▷ A 何が 飲みたいですか。

B 冷たい ビールが 飲みたいです。

▷ 週末は どこへも 行きたく ありません。家で ゆっくり 休みたいです。

お腹が すく 배가 고프다　週末 주말　どこへも 아무 데도　家 집　ゆっくり 느긋하게

**TIP**

♣ 3인칭 주어일 경우에는 「～たがる」로 표현한답니다.

• キムさんは 新しい パソコンを 買いたがって います。
김 씨는 새로운 컴퓨터를 사고 싶어 합니다.

## 04 [동사의 ます형] ～ながら　～하면서

●「～ながら」는 동사의 ます형에 붙어서 두 가지 동작이 동시에 일어나는 것을 표현하는 말이랍니다.

▷ 新聞を 読みながら ご飯を 食べます。

▷ うちの 父は 歌を 歌いながら お風呂に 入ります。

▷ お茶でも 飲みながら 話しませんか。

新聞 신문　ご飯 밥　歌う 노래 부르다　お風呂に 入る 목욕하다　お茶 차　話す 이야기하다

## 문형연습

**01** 다음 예와 같이 문장을 만들어 보세요.

예 新(あたら)しい 車(くるま)

A 何(なに)が ほしいですか。

B **新(あたら)しい 車(くるま)**が ほしいです。

① パソコン

A ______________________________。

B ______________________________。

② 時間(じかん)

A ______________________________。

B ______________________________。

③ お金(かね)

A ______________________________。

B ______________________________。

④ 恋人(こいびと)

A ______________________________。

B ______________________________。

車(くるま) 자동차　　パソコン 퍼스널 컴퓨터

# 문형연습

**02** 다음 예와 같이 문장을 만들어 보세요.

예 日本語(にほんご)・英語(えいご)・難(むずか)しい / 英語(えいご)

A 日本語(にほんご)と 英語(えいご)と どちらが 難(むずか)しいですか。

B 日本語(にほんご)より 英語(えいご)の ほうが 難(むずか)しいです。

① パスタ・ピザ・おいしい / ピザ

A ＿＿＿＿＿＿＿＿＿＿＿＿＿＿＿＿。

B ＿＿＿＿＿＿＿＿＿＿＿＿＿＿＿＿。

② ビール・焼酎(しょうちゅう)・好(す)きだ / ビール

A ＿＿＿＿＿＿＿＿＿＿＿＿＿＿＿＿。

B ＿＿＿＿＿＿＿＿＿＿＿＿＿＿＿＿。

③ コーヒー・お茶(ちゃ)・いい / お茶(ちゃ)

A ＿＿＿＿＿＿＿＿＿＿＿＿＿＿＿＿。

B ＿＿＿＿＿＿＿＿＿＿＿＿＿＿＿＿。

④ 地下鉄(ちかてつ)・バス・早(はや)い / 地下鉄(ちかてつ)

A ＿＿＿＿＿＿＿＿＿＿＿＿＿＿＿＿。

B ＿＿＿＿＿＿＿＿＿＿＿＿＿＿＿＿。

英語(えいご) 영어　どちら 어느 쪽　難(むずか)しい 어렵다　パスタ 파스타　ピザ 피자　焼酎(しょうちゅう) 소주　コーヒー 커피
地下鉄(ちかてつ) 지하철　バス 버스　早(はや)い 빠르다

## 03 다음 예와 같이 문장을 만들어 보세요.

예 一日中(いちにちじゅう) 寝(ね)る

A 何(なに)が したいですか。

B 一日中(いちにちじゅう) 寝(ね)たいです。

① 漫画(まんが)を 読(よ)む

A ____________________。

B ____________________。

② 旅行(りょこう)に 行(い)く

A ____________________。

B ____________________。

③ 映画(えいが)を 見(み)る

A ____________________。

B ____________________。

④ ダイエットを する

A ____________________。

B ____________________。

一日中(いちにちじゅう) 하루 종일　寝(ね)る 자다　漫画(まんが) 만화　ダイエット 다이어트

## 문형연습

**04** 다음 예와 같이 문장을 만들어 보세요.

예

新聞(しんぶん)を 読(よ)む・ご飯(はん)を 食(た)べる

→ 新聞(しんぶん)を 読(よ)みながら ご飯(はん)を 食(た)べます。

① 音楽(おんがく)を 聞(き)く・勉強(べんきょう)する

→ ________________________________。

② ポップコーンを 食(た)べる・映画(えいが)を 見(み)る

→ ________________________________。

③ 歌(うた)を 歌(うた)う・踊(おど)る

→ ________________________________。

④ お茶(ちゃ)を 飲(の)む・話(はな)す

→ ________________________________。

音楽(おんがく) 음악　　ポップコーン 팝콘　　踊(おど)る 춤추다

# 회화 체크

●● 다음 밑줄 부분을 보기의 단어로 바꿔가며 이야기해 보세요. 09

林(はやし)　キムさんは クリスマスプレゼントに 何(なに)が ほしいですか。

キム　私(わたし)は 何(なに)も ほしく ありませんが、ユンさんは ⓐ かわいい 時計(とけい)を ほしがって います。

林(はやし)　では、クリスマスに 何(なに)を したいですか。

キム　ⓑ 日本(にほん)の ドラマを 見(み)ながら、ⓒ 家(いえ)で ゆっくり 休(やす)みたいです。

**보기**　ⓐ かわいい 時計(とけい) 귀여운 시계　ⓑ 日本(にほん)の ドラマを 見(み)る 일본 드라마를 보다
ⓒ 家(いえ)で ゆっくり 休(やす)む 집에서 푹 쉬다

1　ⓐ 高(たか)い 電子辞書(でんしじしょ) 비싼 전자사전　ⓑ 友達(ともだち)と パーティーを する 친구와 파티를 하다
ⓒ たくさん 飲(の)む 많이 마시다

2　ⓐ きれいな スーツ 예쁜 정장　ⓑ 家族(かぞく)と 料理(りょうり)を 作(つく)る 가족과 요리를 만들다
ⓒ たくさん 話(はな)す 많이 이야기하다

3　ⓐ 新(あたら)しい 車(くるま) 새 자동차　ⓑ 彼氏(かれし)と 旅行(りょこう)する 남자친구와 여행하다
ⓒ おいしい ものを たくさん 食(た)べる 맛있는 것을 많이 먹다

다나카가 박유리에게 돈이 생기면 무엇이 가장 하고 싶은지 묻고 있어요.

## 회화

# お金(かね)が 一番(いちばん) ほしいです

10

田中　ユリさんは 今(いま)、何(なに)が 一番(いちばん) ほしいですか。

パク　そうですね、お金(かね)が 一番(いちばん) ほしいです。

田中　お金(かね)で、何(なに)が したいですか。

パク　母(はは)と 海外旅行(かいがいりょこう)に 行(い)きたいです。

田中　世界(せかい)で 一番(いちばん) 行(い)きたい 国(くに)は どこですか。

パク　フランスです。

田中　フランスで 何(なに)が したいですか。

パク　エッフェル塔(とう)が 見(み)たいです。

一番(いちばん) 제일　海外旅行(かいがいりょこう) 해외여행　世界(せかい) 세계　国(くに) 나라　フランス 프랑스
エッフェル塔(とう) 에펠탑

## 듣기 연습

**01** 다음 문장을 듣고 가지고 싶은 것에 해당하는 그림을 고르세요. 11

①

( )

②

( )

③

( )

④

( )

**02** 다음 대화를 듣고 맞는 문장에는 ○, 틀린 문장에는 ×를 하세요. 12

① パクさんは ゆっくり 休(やす)みました。 ( )

② パクさんは 音楽(おんがく)を 聞(き)きながら ゆっくり 休(やす)みたいです。 ( )

③ 佐藤(さとう)さんは ドライブが したいです。 ( )

# 단어 총정리

## 체크 포인트 13

- ❑ 子供(こども)の 時(とき) 어렸을 때
- ❑ 妹(いもうと) 여동생
- ❑ 恋人(こいびと) 애인
- ❑ 香水(こうすい) 향수
- ❑ 韓国(かんこく) 한국
- ❑ お腹(なか)が すく 배가 고프다
- ❑ 週末(しゅうまつ) 주말
- ❑ どこへも 아무 데도
- ❑ ゆっくり 느긋하게
- ❑ 歌(うた)う 노래 부르다
- ❑ お風呂(ふろ)に 入(はい)る 목욕하다
- ❑ お茶(ちゃ) 차

## 문형연습 14

- ❑ パソコン 퍼스널 컴퓨터
- ❑ 英語(えいご) 영어
- ❑ どちら 어느 쪽
- ❑ パスタ 파스타
- ❑ ピザ 피자
- ❑ ビール 맥주
- ❑ 焼酎(しょうちゅう) 소주
- ❑ 地下鉄(ちかてつ) 지하철
- ❑ 一日中(いちにちじゅう) 하루 종일
- ❑ 漫画(まんが) 만화
- ❑ ダイエット 다이어트
- ❑ ポップコーン 팝콘
- ❑ 踊(おど)る 춤추다

## 회화 본문 15

- ❑ ほしい 원하다, 갖고 싶다
- ❑ 海外旅行(かいがいりょこう) 해외여행
- ❑ 世界(せかい) 세계
- ❑ 国(くに) 나라
- ❑ フランス 프랑스
- ❑ エッフェル塔(とう) 에펠탑

## 듣기 연습 16

- ❑ 誕生日(たんじょうび) 생일
- ❑ プレゼント 선물
- ❑ 子犬(こいぬ) 강아지
- ❑ ゆっくり 느긋하게
- ❑ ドライブ 드라이브

## 한자 체크

**前**
앞 전

음독 ぜん　훈독 前(まえ) 앞

前日(ぜんじつ) 전날　直前(ちょくぜん) 직전

前 前 前

**中**
가운데 중

음독 ちゅう、じゅう　훈독 中(なか) 속, 가운데

中国(ちゅうごく) 중국　一日中(いちにちじゅう) 하루 종일

中 中 中

**金**
쇠 금

음독 きん　훈독 お金(かね) 돈

金曜日(きんようび) 금요일　金額(きんがく) 금액

金 金 金

## カタカナ 체크

プレゼント 선물

プレゼント

スーツ 정장

スーツ

ポップコーン 팝콘

ポップコーン

# 第03課 家(いえ)に 帰(かえ)って 何(なに)を しましたか

이번 과에서는 동사의 て형을 만드는 방법과 의미를 알아보고 て형을 이용한 표현 중 상대에게 무언가를 가볍게 지시하거나 부탁, 명령 할 때 사용하는 표현법과 원인과 이유를 나타내는 표현도 함께 알아보죠.

그럼, 핵심포인트를 살펴볼까요~

1. 毎日(まいにち) 6時(ろくじ)に 起(お)きて ご飯(はん)を 食(た)べて 学校(がっこう)に 行(い)きます。
   매일 6시에 일어나서 밥을 먹고 학교에 갑니다.
2. 昨日(きのう) お酒(さけ)を 飲(の)んで 頭(あたま)が 痛(いた)いです。
   어제 술을 마셔서 머리가 아픕니다.
3. 手(て)を 洗(あら)ってから ご飯(はん)を 食(た)べます。
   손을 씻고 나서 밥을 먹습니다.
4. 手(て)を 洗(あら)って ください。
   손을 씻으세요.
5. 風邪(かぜ)ですから、薬(くすり)を 飲(の)みました。
   감기에 걸려서 약을 먹었습니다.

## 체크 포인트

### 01 [동사의 て형] ~て(で) ~(하)고/(해)서

● 동사의 て형은 두 개 이상의 동작을 나열하거나 어떤 일의 원인, 이유를 객관적으로 설명할 때 사용한답니다.

| | 활용방법 | | 기본형 | て(で)형 |
|---|---|---|---|---|
| 1그룹 동사 | 기본형이 「う・つ・る」로 끝나는 동사 | 「う・つ・る」가 「って」가 된다 | 会(あ)う 만나다<br>待(ま)つ 기다리다<br>帰(かえ)る (집으로)돌아가다/돌아오다 | 会(あ)って 만나고/만나서<br>待(ま)って 기다리고/기다려서<br>帰(かえ)って (집으로)돌아가고/돌아가서 |
| | 기본형이 「ぬ・む・ぶ」로 끝나는 동사 | 「ぬ・む・ぶ」가 「んで」가 된다 | 死(し)ぬ 죽다<br>飲(の)む 마시다<br>遊(あそ)ぶ 놀다 | 死(し)んで 죽고/죽어서<br>飲(の)んで 마시고/마셔서<br>遊(あそ)んで 놀고/놀아서 |
| | 기본형이 「く」로 끝나는 동사 | 「く」가 「いて」가 된다 | 書(か)く 쓰다 | 書(か)いて 쓰고/써서 |
| | 기본형이 「ぐ」로 끝나는 동사 | 「ぐ」가 「いで」가 된다 | 泳(およ)ぐ 헤엄치다 | 泳(およ)いで 헤엄치고/헤엄쳐서 |
| | 기본형이 「す」로 끝나는 동사 | 「す」가 「して」가 된다 | 話(はな)す 이야기하다 | 話(はな)して 이야기하고/이야기해서 |
| 2그룹 동사 | 기본형이 「る」로 끝나고 「~る」앞이 イ단이나 エ단인 동사 | 「る」를 떼고 「て」를 붙인다 | 見(み)る 보다<br>食(た)べる 먹다 | 見(み)て 보고/봐서<br>食(た)べて 먹고/먹어서 |
| 3그룹 동사 | 불규칙동사 | 2개뿐이니까 외운다 | 来(く)る 오다<br>する 하다 | 来(き)て 오고/와서<br>して 하고/해서 |
| 예외 동사 | 行(い)く 가다 → 行(い)って 가고/가서 | | | |

▷ 朝 起きて シャワーを 浴びて すぐ 家を 出ました。

▷ お昼を 食べて コーヒーを 飲みます。

▷ 昨日 お酒を たくさん 飲んで 頭が 痛いです。

朝 아침　起きる 일어나다　シャワーを 浴びる 샤워하다　すぐ 금방, 곧　出る 나가다　お酒 술

02

## [동사의 て형] ～て(で)から～　～(하)고 나서～

● 시간적 순서를 명확하게 구분하고자 할 때 사용을 합니다.

▷ コーヒーを 飲んでから 仕事を 始めます。

▷ 手を 洗ってから ご飯を 食べます。

▷ 車を 止めてから 行きます。

仕事 일　始める 시작하다　手 손　洗う 씻다　止める 세우다

03

## [동사의 て형] ～て(で) ください　～(해) 주세요/(하)세요

● 무언가를 부탁 · 요구 · 지시할 때 쓰는 표현으로 '～(해) 주세요, ～(하)세요'라는 뜻이 됩니다.

▷ 宿題を して ください。

▷ 本を 読んで ください。

▷ 資料は メールで 送って ください。

宿題 숙제　資料 자료　メール 메일　送る 보내다

## 체크 포인트

### 04 [정중형] ~から　　~(이)기 때문에

- 정중형「です・ます」뒤에「から」를 붙이면 '이유'를 나타내며, 우리말로는 '~(이)기 때문에, ~(이)니까'로 해석됩니다.

▷ とても 疲(つか)れましたから 休(やす)みたいです。

▷ お金(かね)が ありませんから どこへも 行(い)きません。

▷ 明日(あした)、テストですから 図書館(としょかん)で 勉強(べんきょう)しました。

疲(つか)れる 피곤하다　　テスト 시험　　図書館(としょかん) 도서관

# 문형연습

**01** 다음 동사를 て(で)형으로 바꿔 보세요.

| 기본형 | て(で)형 | 기본형 | て(で)형 | 기본형 | て(で)형 |
|---|---|---|---|---|---|
| 예 食べる | 食べて | 待つ | | 行く | |
| 来る | | 遊ぶ | | 寝る | |
| 買う | | 取る | | 死ぬ | |
| 読む | | する | | 話す | |
| 書く | | 泳ぐ | | 帰る | |

**02** 다음 예와 같이 문장을 만들어 보세요.

예 ご飯を 食べる / コーヒーを 飲む

A これから 何を しますか。

B ご飯を 食べて コーヒーを 飲みます。

① バスに 乗る / 会社に 行く

A ______________________________。

B ______________________________。

② 友達に 会う / 映画を 見る

A ______________________________。

B ______________________________。

# 문형연습

③ 家に 帰る / 勉強する

A ________________________________________________。

B ________________________________________________。

④ シャワーを 浴びる / 寝る

A ________________________________________________。

B ________________________________________________。

⑤ お茶を 飲む / 仕事を する

A ________________________________________________。

B ________________________________________________。

乗る 타다　　会社 회사　　会う 만나다　　帰る (집으로) 돌아가다

## 03 다음 예와 같이 문장을 만들어 보세요.

예

ここを 教える

→ すみません。ここを 教えて ください。

① 窓を 開ける

→ ________________________________________________。

② その ペンを 貸(か)す

→ ________________________________。

③ ちょっと 手伝(てつだ)う

→ ________________________________。

④ 急(いそ)ぐ

→ ________________________________。

⑤ ここで 待(ま)つ

→ ________________________________。

教(おし)える 가르치다　窓(まど) 창문　開(あ)ける 열다　ペン 펜　貸(か)す 빌려주다　手伝(てつだ)う 도와주다　急(いそ)ぐ 서두르다
待(ま)つ 기다리다

## 04 다음 예와 같이 문장을 만들어 보세요.

보기
~~テストが あります~~　暇(ひま)です　お金(かね)が ありません
彼女(かのじょ)は きれいです　もう 食(た)べました　学生(がくせい)です

예 テストが ありますから、遊(あそ)びに 行(い)きません。

① ＿＿＿＿＿＿＿＿＿＿から、どこへも 行(い)きません。

② ＿＿＿＿＿＿＿＿＿＿から、食(た)べません。

③ ＿＿＿＿＿＿＿＿＿＿から、人気(にんき)が あります。

④ ＿＿＿＿＿＿＿＿＿＿から、お酒(さけ)を 飲(の)みません。

⑤ ＿＿＿＿＿＿＿＿＿＿から、映画(えいが)を 見(み)に 行(い)きます。

暇(ひま)だ 한가하다　遊(あそ)ぶ 놀다　人気(にんき) 인기

# 회화 체크

다음 밑줄 부분을 보기의 단어로 바꿔가며 이야기해 보세요. 17

| | |
|---|---|
| キム | 昨日(きのう)は 何(なに)を しましたか。 |
| 林(はやし) | ⓐ 友達(ともだち)に 会(あ)って ⓑ カラオケに 行(い)きました。 |
| キム | 林(はやし)さんは ⓒ 歌(うた)が 好(す)きですか。 |
| 林(はやし) | はい、ⓒ 歌(うた)が 好(す)きです。 |
| キム | では、今度(こんど) ⓓ 歌(うた)って ください。 |
| 林(はやし) | はい、いいですよ。 |

**보기**

ⓐ 友達(ともだち)に 会(あ)う 친구를 만나다 ⓑ カラオケに 行(い)く 노래방에 가다
ⓒ 歌(うた)が 好(す)きだ 노래를 좋아하다 ⓓ 歌(うた)う 노래하다

1 ⓐ 友達(ともだち)の 家(いえ)に 行(い)く 친구 집에 가다 ⓑ 料理(りょうり)を する 요리를 하다
ⓒ 料理(りょうり)が 得意(とくい)だ 요리를 잘하다 ⓓ 作(つく)る 만들다

2 ⓐ 図書館(としょかん)に 行(い)く 도서관에 가다 ⓑ 日本語(にほんご)の 勉強(べんきょう)を する 일본어 공부를 하다
ⓒ 日本語(にほんご)が 上手(じょうず)だ 일본어를 잘하다 ⓓ 教(おし)える 가르치다

3 ⓐ ソウルスキー場(じょう)に 行(い)く 서울 스키장에 가다 ⓑ スキーを する 스키를 타다
ⓒ スキーが 上手(じょうず)だ 스키를 잘 타다 ⓓ 連(つ)れて 行(い)く 데리고 가다

박유리와 다나카가 집에 돌아가서 무엇을 했는지에 대해 이야기하고 있어요.

회화

# 家に 帰って 何を しましたか

18

田中　昨日は 何時に 家に 帰りましたか。

パク　8時に 帰りました。

田中　家に 帰って 何を しましたか。

パク　晩ごはんを 食べて ドラマを 見て 寝ました。

田中　ドラマは おもしろかったですか。

パク　いいえ、あまり おもしろく ありませんでした。
田中さんは 家に 帰って 何を しましたか。

田中　私は 家に 帰って シャワーを 浴びて 宿題を
して 寝ました。

晩ごはん 저녁식사　　ドラマ 드라마

# 듣기 연습

**01** 다음 문장을 듣고 빈칸을 채워 보세요. 19

① 今日(きょう)は 家(いえ)で ゆっくり ＿＿＿＿＿＿ ください。

② ここで ちょっと ＿＿＿＿＿＿ ください。

③ 薬(くすり)を ＿＿＿＿＿＿ ください。

④ すみません。ちょっと そこの 塩(しお)を ＿＿＿＿＿＿ ください。

**02** 다음 다나카의 일과를 듣고 둘 중에 맞는 그림을 고르세요. 20

① a

b

② a

b

③ a

b

④ a

b

# 단어 총정리

## 체크 포인트 21

- ❏ シャワーを 浴(あ)びる 샤워를 하다
- ❏ 出(で)る 나오다
- ❏ 始(はじ)める 시작하다
- ❏ 手(て) 손
- ❏ 洗(あら)う 씻다
- ❏ 止(と)める 세우다
- ❏ 宿題(しゅくだい) 숙제
- ❏ 資料(しりょう) 자료
- ❏ メール 메일
- ❏ 送(おく)る 보내다
- ❏ テスト 테스트, 시험
- ❏ 図書館(としょかん) 도서관

## 문형 연습 22

- ❏ 窓(まど) 창문
- ❏ 開(あ)ける 열다
- ❏ ペン 펜
- ❏ 貸(か)す 빌려주다
- ❏ 手伝(てつだ)う 돕다
- ❏ 急(いそ)ぐ 서두르다
- ❏ 待(ま)つ 기다리다
- ❏ テスト 테스트, 시험
- ❏ 暇(ひま)だ 한가하다
- ❏ 人気(にんき) 인기

## 회화 본문 23

- ❏ 昨日(きのう) 어제
- ❏ 帰(かえ)る 돌아가다
- ❏ 晩(ばん)ごはん 저녁 밥
- ❏ ドラマ 드라마
- ❏ シャワーを 浴(あ)びる 샤워를 하다
- ❏ 宿題(しゅくだい) 숙제
- ❏ 寝(ね)る 자다

## 듣기 연습 24

- ❏ 薬(くすり)を 飲(の)む 약을 먹다
- ❏ 塩(しお) 소금
- ❏ 取(と)る 집다
- ❏ バスに 乗(の)る 버스를 타다
- ❏ 1杯(いっぱい) 한 잔
- ❏ 始(はじ)める 시작하다

## 한자 체크

何
어찌 하

음독 か 훈독 何(なに/なん) 무엇

何 何 何

話
말씀 화

음독 わ 훈독 話(はな)す 이야기하다 話(はなし) 이야기
会話(かいわ) 회화 電話(でんわ) 전화

話 話 話

帰
돌아갈 귀

음독 き 훈독 帰(かえ)る 되돌아가(오)다
帰国(きこく) 귀국

帰 帰 帰

## カタカナ 체크

ドラマ 드라마

ドラマ

カラオケ 노래방

カラオケ

スキー 스키

スキー

# 第04課 どんな 服(ふく)を 着(き)て いますか

이번 과에서는 어떤 동작이 일정기간 동안 계속되는 것을 나타내는 표현(진행)과 어떤 동작을 한 후 그 결과가 계속해서 남아 있는 표현(상태)에 대해 알아볼게요.

그럼, 오늘의 핵심 포인트를 살펴볼까요~

1. 今(いま) 新聞(しんぶん)を 読(よ)んで います。
   지금 신문을 읽고 있습니다.

   今(いま) 新聞(しんぶん)は 読(よ)んで いません。
   지금 신문은 읽고 있지 않습니다.

2. 今(いま) 眼鏡(めがね)を かけて います。
   지금 안경을 쓰고 있습니다.

   今(いま) 眼鏡(めがね)は かけて いません。
   지금 안경은 쓰고 있지 않습니다.

3. 毎日(まいにち) 運動(うんどう)を して います。
   매일 운동을 하고 있습니다.

## 체크 포인트

### 01 [동사의 て형] ~て(で) いる　~(하)고 있다(진행)

● 어떤 동작이 일정 시간 동안 계속될 때 동사의 て형에 「いる(있다)」를 붙여서 만듭니다.

▷ パクさんは 図書館(としょかん)で 本(ほん)を 読(よ)んで います。

▷ テレビを 見(み)ながら ご飯(はん)を 食(た)べて います。

▷ A 田中(たなか)さんは 今(いま) 何(なに)を して いますか。

B 何(なに)も して いません。部屋(へや)で 休(やす)んで います。

テレビ 텔레비전

### 02 [동사의 て형] ~て(で) いる　~(해) 있다(상태)

● 어떤 동작을 한 후, 그 변화한 결과의 계속된 상태를 나타내기도 합니다.

① 동작의 결과 상태

▷ 窓(まど)が 開(あ)いて います。

▷ 私(わたし)は 車(くるま)を 持(も)って います。

▷ 姉(あね)は 結婚(けっこん)して います。

▷ 私(わたし)は カンナムに 住(す)んで います。

▷ 知(し)って います。

**TIP**

♣ 「~て(で) います」의 부정은 「~て(で) いません」이지만 예외가 있답니다.

• 知(し)って います 알고 있습니다(압니다)
↔ 知(し)りません 모릅니다

② 이동 · 변화의 상태

▷ 林(はやし)さんは 学校(がっこう)に 行(い)って います。

▷ 雨(あめ)が 降(ふ)って います。

▷ 晴(は)れて います。

▷ 曇(くも)って います。

▷ 太(ふと)って います。

▷ やせて います。

③ 착용 상태

▷ キムさんは スーツを 着(き)て います。

▷ 田中(たなか)さんは 帽子(ぼうし)を かぶって います。

▷ 奈々子(ななこ)さんは 今日(きょう) 赤(あか)い スカートを はいて います。

持(も)つ 가지다　姉(あね) 언니, 누나　結婚(けっこん)する 결혼하다　住(す)む 살다　知(し)る 알다　雨(あめ)が 降(ふ)る 비가 오다　晴(は)れる (날씨가) 맑다
曇(くも)る (날씨가) 흐리다　太(ふと)る 살찌다　やせる 마르다　スーツを 着(き)る 정장을 입다　帽子(ぼうし)を かぶる 모자를 쓰다　赤(あか)い 빨갛다
スカートを はく 치마를 입다

## 체크 포인트

**03**

### [동사의 て형] ～て(で) いる　　～(하고) 있다(습관)

- 반복적인 행동이나 습관을 나타낼 때도 「～て　いる」를 사용하며, 직업 또는 신분을 나타낼 때도 사용합니다.

▷ 銀行に　勤めて　います。

▷ コンビニで　働いて　います。

▷ 日本語学校に　通って　います。

▷ 毎日　公園で　ジョギングして　います。

銀行 은행　勤める 근무하다　コンビニ 편의점　働く 일하다　通う 다니다　毎日 매일　公園 공원
ジョギングする 조깅하다

# 문형연습

**01** 다음 예와 같이 문장을 만들어 보세요.

예

田中(たなか)さん / タバコを 吸(す)う

A 田中(たなか)さんは 何(なに)を して いますか。

B タバコを 吸(す)って います。

① 佐藤(さとう)さん / ジュースを 飲(の)む

A ＿＿＿＿＿＿＿＿＿＿＿＿＿＿＿＿＿＿＿＿。

B ＿＿＿＿＿＿＿＿＿＿＿＿＿＿＿＿＿＿＿＿。

② キムさん / 写真(しゃしん)を 撮(と)る

A ＿＿＿＿＿＿＿＿＿＿＿＿＿＿＿＿＿＿＿＿。

B ＿＿＿＿＿＿＿＿＿＿＿＿＿＿＿＿＿＿＿＿。

③ イさん / アイスクリームを 食(た)べる

A ＿＿＿＿＿＿＿＿＿＿＿＿＿＿＿＿＿＿＿＿。

B ＿＿＿＿＿＿＿＿＿＿＿＿＿＿＿＿＿＿＿＿。

④ 林(はやし)さん / となりの 人と 話(はな)す

A ＿＿＿＿＿＿＿＿＿＿＿＿＿＿＿＿＿＿＿＿。

B ＿＿＿＿＿＿＿＿＿＿＿＿＿＿＿＿＿＿＿＿。

タバコを 吸(す)う 담배를 피우다　ジュース 주스　写真(しゃしん)を 撮(と)る 사진을 찍다　アイスクリーム 아이스크림

となり 옆

**02** 다음 예와 같이 문장을 만들어 보세요.

예

椅子(いす) / 壊(こわ)れる

→ 椅子(いす)が 壊れて います。

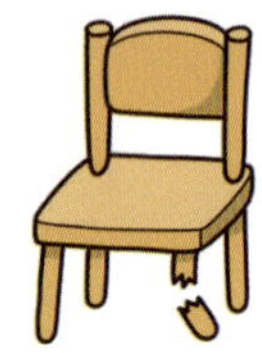

① 新聞(しんぶん) / 破(やぶ)れる

→ ________________。

② 窓(まど) / 閉(し)まる

→ ________________。

③ 財布(さいふ) / 落(お)ちる

→ ________________。

④ 電気(でんき) / 消(き)える

→ ________________。

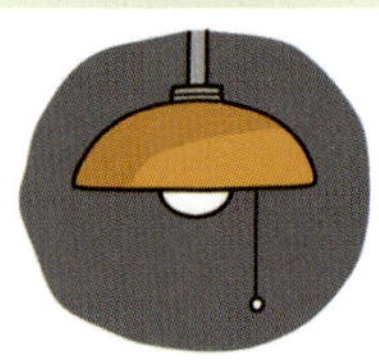

椅子(いす) 의자　壊(こわ)れる 부서지다　破(やぶ)れる 찢어지다　閉(し)まる 닫히다　財布(さいふ) 지갑　落(お)ちる 떨어지다

電気(でんき)が 消(き)える 전기가 꺼지다

## 03 다음 예와 같이 문장을 만들어 보세요.

예

帽子(ぼうし) / かぶる

→ 帽子(ぼうし)を かぶって います。

① 靴(くつ) / はく

→ ________________________________。

② 眼鏡(めがね) / かける

→ ________________________________。

③ ブラウス / 着(き)る

→ ________________________________。

④ ピアス / する

→ ________________________________。

靴(くつ)を はく 구두를 신다　眼鏡(めがね)を かける 안경을 쓰다　ブラウスを 着(き)る 블라우스를 입다

ピアスを する 귀걸이를 하다

## 문형연습

**04** 그림 속에 있는 인물을 보고 다음 질문에 답해 보세요.

パク

加藤(かとう)

① パクさんは 太(ふと)って いますか。

→ ____________________。

② パクさんは 結婚(けっこん)して いますか。

→ ____________________。

③ パクさんは どこに 住(す)んで いますか。

→ ____________________。

④ 加藤(かとう)さんは どこで 働(はたら)いて いますか。

→ ____________________。

⑤ 加藤(かとう)さんは 毎晩(まいばん) 何(なに)を して いますか。

→ ____________________。

## 회화 체크

•• 다음 밑줄 부분을 보기의 단어로 바꿔 가며 이야기해 보세요. 25

キム　今(いま) ⓐ 何時(なんじ)ですか。

林(はやし)　ⓑ 7時(しちじ) 50分(ごじゅっぷん)です。

キム　今(いま) ⓒ デパートは 開(あ)いて いますか。

林(はやし)　はい、開(あ)いて います。

キム　私(わたし)と いっしょに ⓒ デパートに 行(い)きませんか。

林(はやし)　すみません、今(いま) ⓓ 勉強して いますから ちょっと…。

**보기**　ⓐ 何時(なんじ) 몇 시　ⓑ 7時(しちじ) 50分(ごじゅっぷん) 7시 50분
ⓒ デパート 백화점　ⓓ 勉強(べんきょう)する 공부하다

- 1　ⓐ 何時(なんじ) 몇 시　ⓑ 8時(はちじ) 半(はん) 8시 반
  ⓒ ジム 헬스클럽　ⓓ 好(す)きな ドラマを 見(み)る 좋아하는 드라마를 보다
- 2　ⓐ どこ 어디　ⓑ 外(そと) 바깥
  ⓒ 郵便局(ゆうびんきょく) 우체국　ⓓ アルバイトを する 아르바이트를 하다
- 3　ⓐ どこ 어디　ⓑ コーヒーショップ 커피숍
  ⓒ サウナ 사우나　ⓓ 友達(ともだち)と 会(あ)う 친구를 만나다

다나카와 김미나가 소개팅으로 처음 만나는 날이에요.

회화

# どんな 服(ふく)を 着(き)て いますか 26

田中　もしもし、田中(たなか)ひろしです。キムミナさんですか。

キム　はい、キムミナです。今(いま) どこに いますか。

田中　私(わたし)は 今(いま)、コーヒーショップの 前(まえ)に います。

キム　そうですか。どんな 服(ふく)を 着(き)て いますか。

田中　白(しろ)い シャツを 着(き)て ジーンズを はいて います。

キム　眼鏡(めがね)を かけて いますか。

田中　いいえ、眼鏡(めがね)は かけて いません。

(커피숍 앞에서)

キム　田中(たなか)さんですか。

田中　はい、田中(たなか)です。キムミナさんですか。

キム　はい、そうです。
はじめまして。

どこに 어디에　　コーヒーショップ 커피숍　　前(まえ) 앞　　白(しろ)い 하얗다
シャツ 셔츠　　ジーンズを はく 청바지를 입다

# 듣기 연습

**01** 다음 문장을 듣고 알맞은 그림을 고르세요. 27

①  (　　)

②  (　　)

③  (　　)

④  (　　)

**02** 다음 대화를 듣고 맞는 문장에는 ○, 틀린 문장에는 ×를 하세요. 28

① キムさんは 友達(ともだち)と 話(はな)して います。 (　　)

② パクさんは 今(いま) ここに いません。 (　　)

③ ソンさんは 買(か)い物(もの)に 行(い)きました。 (　　)

# 단어 총정리

## 체크 포인트 29

- ❑ 図書館(としょかん) 도서관
- ❑ 窓(まど) 창문
- ❑ 開(あ)く 열리다
- ❑ 持(も)つ 들다/가지다
- ❑ 姉(あね) 언니, 누나
- ❑ 結婚(けっこん)する 결혼하다
- ❑ 住(す)む 살다
- ❑ 知(し)る 알다
- ❑ 雨(あめ)が 降(ふ)る 비가 오다
- ❑ 晴(は)れる (날씨가)맑다
- ❑ 曇(くも)る (날씨가)흐리다
- ❑ 太(ふと)る 살찌다
- ❑ やせる 마르다
- ❑ スーツを 着(き)る 정장을 입다
- ❑ 帽子(ぼうし)を かぶる 모자를 쓰다
- ❑ スカートを はく 치마를 입다
- ❑ 銀行(ぎんこう) 은행
- ❑ 勤(つと)める 근무하다
- ❑ コンビニ 편의점
- ❑ 働(はたら)く 일하다
- ❑ 通(かよ)う 다니다
- ❑ 公園(こうえん) 공원
- ❑ ジョギングする 조깅하다

## 문형연습 30

- ❑ タバコを 吸(す)う 담배를 피우다
- ❑ ジュース 주스
- ❑ 写真(しゃしん)を 撮(と)る 사진을 찍다
- ❑ アイスクリーム 아이스크림
- ❑ 壊(こわ)れる 고장나다
- ❑ 破(やぶ)れる 찢어지다
- ❑ 窓(まど) 창문
- ❑ 閉(し)まる 닫히다
- ❑ 財布(さいふ) 지갑
- ❑ 落(お)ちる 떨어지다
- ❑ 電気(でんき)が 消(き)える 전기가 꺼지다
- ❑ 靴(くつ)を はく 구두를 신다
- ❑ 眼鏡(めがね)を かける 안경을 쓰다
- ❑ ブラウスを 着(き)る 블라우스를 입다
- ❑ ピアスを する 귀걸이를 하다

## 회화 본문 31

- ❑ もしもし 여보세요
- ❑ どこに 어디에
- ❑ コーヒーショップ 커피숍
- ❑ どんな 어떤
- ❑ 服(ふく)を 着(き)る 옷을 입다
- ❑ 白(しろ)い 하얗다
- ❑ シャツ 셔츠
- ❑ ジーンズを はく 청바지를 입다
- ❑ 眼鏡(めがね)を かける 안경을 쓰다

## 듣기 연습 32

- ❑ 外(そと) 밖
- ❑ 買(か)い物(もの) 쇼핑

## 한자 체크

**入**
들 입

음독 にゅう　훈독 入(はい)る 들어가(오)다　入(い)れる 넣다

入学(にゅうがく) 입학　入社(にゅうしゃ) 입사　入院(にゅういん) 입원

入 入 入

**着**
입을 착

음독 ちゃく　훈독 着(き)る 입다　着(つ)く 도착하다

到着(とうちゃく) 도착

着 着 着

**服**
옷 복

음독 ふく

服(ふく) 옷　服装(ふくそう) 복장

服 服 服

## カタカナ 체크

ショップ 숍

ショップ

シャツ 셔츠

シャツ

ジム 헬스클럽

ジム

# 第05課 子供(こども)の 時(とき) お小遣(こづか)いを もらって いましたか

이번 과에서는 물건을 주고 받는 표현에 대해서 알아볼게요. 그리고 횟수를 말해 보는 연습도 함께 할게요.

그럼, 오늘의 핵심 포인트를 살펴볼까요~

1. 私(わたし)は 林(はやし)さんに 香水(こうすい)を あげました。
   나는 하야시 씨에게 향수를 주었습니다.

2. 私(わたし)は 友達(ともだち)から プレゼントを もらいました。
   나는 친구에게 선물을 받았습니다.

3. 林(はやし)さんが 私(わたし)に 映画(えいが)の チケットを くれました。
   하야시 씨가 나에게 영화 티켓을 주었습니다.

4. 一ヶ月(いっかげつ)に 2回(にかい)ぐらい 映画(えいが)を 見(み)ます。
   한 달에 2번 정도 영화를 봅니다.

# 체크 포인트

## 01 ～に ～を あげる

(내가 남에게 / 남이 남에게) ～을/를 주다

- 私(わたし)は キムさんに CDを 2枚(にまい) あげました。
- ムンさんは 林(はやし)さんに 人形(にんぎょう)を あげました。
- 恋人(こいびと)に 手作(てづく)りの ケーキを あげました。

～枚(まい) ～장　人形(にんぎょう) 인형　手作(てづく)り 손수 만듦, 수제　ケーキ 케이크

## 02 ～に / から ～を もらう

(내가 남에게 / 남이 남에게) 에게서 ～을/를 받다

- 私(わたし)の 妹(いもうと)は キムさんに ネックレスを もらいました。
- イさんは 佐藤(さとう)さんに 日本(にほん)の 雑誌(ざっし)を もらいました。
- パクさんは 会社(かいしゃ)から ボーナスを もらいました。

ネックレス 목걸이　ボーナス 보너스

## 03 ～に ～を くれる

(남이 나 또는 우리 그룹에게) 에게 ~을/를 주다

▷ 姉が（私に）ネックレスを くれました。

▷ 昨日、友達が（私に）映画の チケットを くれました。

▷ 友達が 私の 妹に 本を くれました。

チケット 티켓

## 04 ～に

~에 (기간)

● 일정기간 동안에 일어난 일의 횟수는「기간 + に + 횟수」로 표현하면 됩니다.

▷ 私は 一ヶ月に 2回ぐらい 映画を 見ます。

▷ 一日に 3回 歯を 磨きます。

▷ 一日に 4時間 勉強を します。

一ヶ月 한 달　一日 하루　歯を 磨く 양치질하다

## 문형연습

**01** 다음 그림을 보고 예와 같이 문장을 만들어 보세요.

예

CD
→ 私(わたし)は 姉(あね)に CDを あげました。

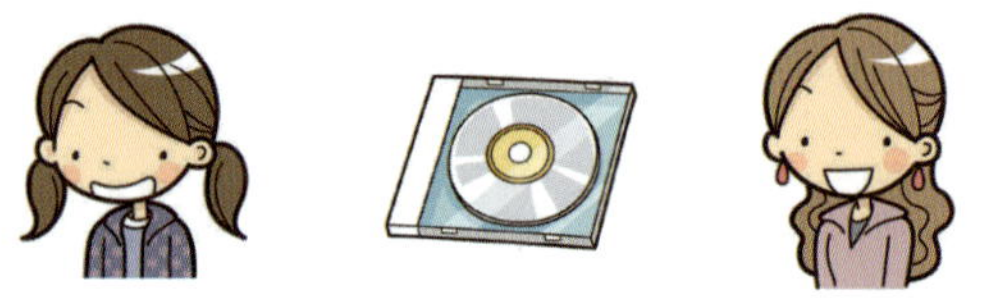

私(わたし) → 姉(あね)

① 本(ほん)
→ 私(わたし)は＿＿＿＿＿＿＿＿＿＿＿＿＿＿＿。

私(わたし) → キムさん

② ネックレス
→ 私(わたし)は＿＿＿＿＿＿＿＿＿＿＿＿＿＿＿。

私(わたし) ← 兄(あに)

③ 人形(にんぎょう)
→ 友達(ともだち)が＿＿＿＿＿＿＿＿＿＿＿＿＿＿＿。

友達(ともだち) → 私(わたし)の 妹(いもうと)

④ 日本(にほん)の お土産(みやげ)
→ 佐藤(さとう)さんは＿＿＿＿＿＿＿＿＿＿＿＿＿＿＿。

佐藤(さとう)さん → イさん

⑤ お小遣(こづか)い

→ 母(はは)が＿＿＿＿＿＿＿＿＿＿＿＿＿＿＿＿＿＿。

母(はは)→私(わたし)

⑥ ケーキ

→ 私(わたし)は＿＿＿＿＿＿＿＿＿＿＿＿＿＿＿＿＿＿。

私(わたし)←彼女(かのじょ)

⑦ カメラ

→ 私(わたし)の 弟(おとうと)は＿＿＿＿＿＿＿＿＿＿＿＿＿＿＿。

私(わたし)の 弟(おとうと)←パクさん

お土産(みやげ) 선물　お小遣(こづか)い 용돈　カメラ 카메라　弟(おとうと) 남동생

## 02 다음 예와 같이 문장을 만들어 보세요.

예　하루에 세번

A 一日(いちにち)に 何回(なんかい) ご飯(はん)を 食(た)べますか。

B 一日(いちにち)に 3回(さんかい) ご飯(はん)を 食(た)べます。

① 하루에 8시간

A 一日(いちにち)に 何時間(なんじかん) 寝(ね)ますか。

B ＿＿＿＿＿＿＿＿＿＿＿＿＿＿＿＿＿＿＿＿。

## 문형연습

② 한 달에 한번

A よく 映画(えいが)を 見(み)ますか。

B ________________________________________。

③ 일주일에 한번

A よく 掃除(そうじ)を しますか。

B ________________________________________。

掃除(そうじ) 청소

# 회화 체크

다음 밑줄 부분을 보기의 단어로 바꿔가며 이야기해 보세요. 33

| | |
|---|---|
| 林(はやし) | キムさんは 誕生日(たんじょうび)パーティーに よく 行(い)きますか。 |
| キム | はい、ⓐ 一ヶ月(いっかげつ)に 1回(いっかい)ぐらい 行(い)きます。 |
| 林(はやし) | プレゼントで 何(なに)を よく あげますか。 |
| キム | 私(わたし)は ⓑ 服(ふく)を よく あげます。 |
| 林(はやし) | キムさんは 誕生日(たんじょうび)プレゼントの 中(なか)で 何(なに)が 一番(いちばん) うれしかったですか。 |
| キム | 去年(きょねん)、ⓒ 友達(ともだち)に 花(はな)を もらいましたが、それが 一番(いちばん) うれしかったです。 |

**보기** ⓐ 一ヶ月(いっかげつ)に 1回(いっかい) 한 달에 한 번 ⓑ 服(ふく) 옷
ⓒ 友達(ともだち)に 花(はな)を もらう 친구에게 꽃을 받다

1. ⓐ 三ヶ月(さんかげつ)に 1回(いっかい) 3개월에 1번 ⓑ アクセサリー 액세서리
ⓒ 姉(あね)に 漫画(まんが)の 本(ほん)を もらう 언니에게 만화책을 받다

2. ⓐ 半年(はんとし)に 1回(いっかい) 반년에 한 번 ⓑ お金(かね) 돈
ⓒ 恋人(こいびと)に ゲーム機(き)を もらう 애인에게 게임기를 받다

3. ⓐ 一年(いちねん)に 3回(さんかい) 1년에 3번 ⓑ 香水(こうすい) 향수
ⓒ 息子(むすこ)に 手紙(てがみ)を もらう 아들에게 편지를 받다

박유리가 다나카에게 주로 용돈을 받으면 무엇을 하는지 묻고 있어요

## 회화

# 子供(こども)の 時(とき) お小遣(こづか)いを もらって いましたか

34

パク　田中(たなか)さんは 子供(こども)の 時(とき) お小遣(こづか)いを もらって いましたか。

田中　はい、一ヶ月(いっかげつ)に 三千円(さんぜんえん)ぐらい もらって いました。

パク　お小遣(こづか)いで 何(なに)を 買(か)いましたか。

田中　おもちゃと お菓子(かし)を 買(か)いました。

パク　今(いま)も もらって いますか。

田中　いいえ、もらって いません。
最近(さいきん)は 私(わたし)が 両親(りょうしん)に お小遣(こづか)いを あげて います。

パク　へえ、いい 息子(むすこ)さんですね。

おもちゃ 장난감　お菓子(かし) 과자　買(か)う 사다　最近(さいきん) 최근
両親(りょうしん) 부모님　息子(むすこ)さん 아드님

## 듣기 연습

**01** 다음 문장을 듣고 누가 누구에게 무엇을 주었는지 올바르게 연결하세요. 35

ⓐ  私(わたし) · ①  · ⓘ  林(はやし)さん

ⓑ  友達(ともだち) · ②  · ⓘⓘ  田中(たなか)さん

ⓒ  佐藤(さとう)さん · ③  · ⓘⓘⓘ  私(わたし)

ⓓ  姉(あね) · ④  · ⓘⓥ  妹(いもうと)

**02** 다음 대화를 듣고 맞는 문장에는 ○, 틀린 문장에는 ×를 하세요. 36

① イさんは 友達(ともだち)に ゲームソフトを あげました。 (　　)

② イさんの 誕生日(たんじょうび)は 11月(じゅういちがつ) 4日(よっか)です。 (　　)

③ 林(はやし)さんは イさんに 時計(とけい)を もらいました。 (　　)

# 단어 총정리

## 체크 포인트 37

- ❏ 2枚(にまい) 두 장
- ❏ ケーキ 케이크
- ❏ ボーナス 보너스
- ❏ 人形(にんぎょう) 인형
- ❏ ネックレス 목걸이
- ❏ チケット 티켓
- ❏ 手作(てづく)り 손수 만듦, 수제
- ❏ 雑誌(ざっし) 잡지
- ❏ 歯(は)を 磨(みが)く 양치질하다

## 문형연습 38

- ❏ お土産(みやげ) 선물
- ❏ カメラ 카메라
- ❏ 掃除(そうじ) 청소
- ❏ お小遣(こづか)い 용돈
- ❏ 弟(おとうと) 남동생

## 회화 본문 39

- ❏ お小遣(こづか)い 용돈
- ❏ おもちゃ 장난감
- ❏ 両親(りょうしん) 부모님
- ❏ もらう 받다
- ❏ お菓子(かし) 과자
- ❏ あげる 주다
- ❏ 一ヶ月(いっかげつ) 한달
- ❏ 最近(さいきん) 최근
- ❏ 息子(むすこ)さん 아드님

## 듣기 연습 40

- ❏ ワイン 와인
- ❏ 時計(とけい) 시계
- ❏ ゲームソフト 게임 소프트
- ❏ 今年(ことし) 올해
- ❏ それから 그리고

## 한자 체크

**子** 아들 자

음독 し、す　훈독 子供(こども) 아이　息子(むすこ) 아들

子孫(しそん) 자손　椅子(いす) 의자

子 子 子

**万** 일만 만

음독 まん、ばん

一万(いちまん) 1만　万歳(ばんざい) 만세

万 万 万

**円** 둥글 원

음독 えん　훈독 円(まる)い 둥글다

千円(せんえん) 천 엔　円満(えんまん) 원만

円 円 円

## カタカナ 체크

アクセサリー 액세서리

アクセサリー

ネックレス 목걸이

ネックレス

ゲーム 게임

ゲーム

쉬어가기

# 혼네와 다테마에

일본인은 자신의 속마음을 그냥 드러내놓고 말하는 것을 위험하다고 생각하거나 성숙하지 못하다고 생각한다. 그래서 항상 말로 표현하는 포장언어와 말로 표현하지 않는 내부의 본심이란 두개의 코드가 존재한다. 이렇듯 언어로 드러나지 않는 내부 속마음의 기호가 혼네(本音)이고 그것을 감싸고 있으며 주변과의 조화를 고려한 보호막 혹은 외투라고 할 수 있는 것이 다테마에(建前)인 것이다.

일본인과 교류를 하는 사람들은 이 두 가지의 구별에 익숙하지 못해 낭패를 당하는 경우가 많으며 일본인과의 교류가 피곤하며 도대체 속뜻이 무엇인지 알기 어렵고 그래서 애매하다고 주장하는 사람들이 속출한다.

그러니까 그 '다테마에'를 보고 '혼네'를 읽어내기 위해서는 일본인과의 교류의 축적을 필요로 한다. 예컨대, '다음에 놀러 오세요(今度ぜひ遊びに来てください)'라는 말은 놀러 오라는 말이 아니다. '그럼 언제 가면 될까요?(じゃ、いつ行きましょうか)'라고 질문한다면 상대방을 매우 당혹스럽게 할 염려가 있다. '혼네'와 '다테마에'의 구별이 엄격하게 요구되는 장면이다.

# 그림단어

- クリスマス 크리스마스
- ツリー 트리
- 靴下(くつした) 양말
- 星(ほし) 별
- おもちゃ 장난감
- あむ 뜨다
- 本棚(ほんだな) 책장
- 温泉(おんせん) 온천
- 椅子(いす) 의자
- テーブル 테이블
- ビール 맥주
- 果物(くだもの) 과일
- テレビ 텔레비전
- けいたい 휴대전화
- コーヒー 커피
- 眼鏡(めがね)を かける 안경을 쓰다
- ピアノ 피아노
- あげる 주다
- もらう 받다
- 時計(とけい) 시계
- 窓(まど) 창문
- 雪(ゆき) 눈
- 雪(ゆき)だるま 눈사람
- 笑(わら)う 웃다
- 子犬(こいぬ) 강아지
- 車(くるま) 자동차
- 帽子(ぼうし)を かぶる 모자를 쓰다
- マフラー 목도리
- そり 썰매

# 第06課 彼氏(かれし)が 買(か)って くれました

이번 과에서는 동작을 주고 받는 표현법에 대해 알아 보도록 할게요. 그리고 허가와 금지를 나타내는 표현도 함께 알아볼게요.

그럼, 오늘의 핵심 포인트를 살펴볼까요~

1. 私(わたし)は 林(はやし)さんに 香水(こうすい)を 買(か)って あげました。
   나는 하야시 씨에게 향수를 사 주었습니다.
2. 田中(たなか)さんが 私(わたし)の 仕事(しごと)を 手伝(てつだ)って くれました。
   다나카 씨가 저의 일을 도와 주었습니다.
3. 私(わたし)は 田中(たなか)さんに 仕事(しごと)を 手伝(てつだ)って もらいました。
   다나카 씨는 저의 일을 도와 주었습니다.
4. ここで タバコを 吸(す)っても いいですか。
   여기서 담배를 피워도 됩니까?
5. ここでは タバコを 吸(す)っては いけません。
   여기서는 담배를 피우면 안 됩니다.

# 체크 포인트

## 01 [동사의 て형] ~て(で) あげる (내가 남에게 / 남이 남에게) ~해 주다

▷ 父(ちち)に 車(くるま)を 買(か)って あげました。

▷ 恋人(こいびと)に 花(はな)を 送(おく)って あげました。

▷ 彼女(かのじょ)に カレーを 作(つく)って あげたいです。

▷ いつも 弟(おとうと)の 宿題(しゅくだい)を 手伝(てつだ)って あげます。

カレー 카레　作(つく)る 만들다　いつも 항상

## 02 [동사의 て형] ~て(で) くれる (남이 나 또는 우리 그룹에게) ~해 주다

▷ 資料(しりょう)は いつも 後輩(こうはい)が コピーして くれます。

▷ 渡辺(わたなべ)さんは 私(わたし)の レポートを 直(なお)して くれました。

▷ キムさんは お金(かね)を 貸(か)して くれました。

後輩(こうはい) 후배　コピーする 복사하다　レポート 리포트　直(なお)す 고치다　貸(か)す 빌려주다

## 03 [동사의 て형] ~て(で) もらう (내가 남에게 / 남이 남에게) ~해 받다, ~해 주다

● 이 표현은 자신이 부탁해서 어떤 혜택을 입었을 때 고마운 마음을 나타내는 표현으로 직역하면 '~해 받다'로 한국말로는 어색한 표현이 되므로 '~해 주다'로 해석하는 것이 자연스럽답니다.

▷ イさんに 話(はな)して もらいました。

▷ 友達(ともだち)に 家(いえ)まで 送(おく)って もらいました。

▷ 恋人(こいびと)に 高(たか)い 服(ふく)を 買(か)って もらいました。

~まで ~까지

## 04 [동사의 て형] ~て(で)も いいです ~(해)도 됩니다

▷ ここの 電話(でんわ)を 借(か)りても いいですか。

▷ これ、食(た)べても いいですか。

▷ 今度(こんど) 遊(あそ)びに 行(い)っても いいですか。

電話(でんわ) 전화　借(か)りる 빌리다　今度(こんど) 다음에

## 05 [동사의 て형] ~て(で)は いけません ~(해)서는 안 됩니다

▷ 授業中(じゅぎょうちゅう)に となりの 人(ひと)と 話(はな)しては いけません。

▷ ここは 禁煙(きんえん)ですから タバコを 吸(す)っては いけません。

▷ 階段(かいだん)で 遊(あそ)んでは いけません。

▷ A マンションで 犬(いぬ)を 飼(か)っても いいですか。

B この マンションでは 犬(いぬ)を 飼(か)っては いけません。

授業中(じゅぎょうちゅう) 수업 중　禁煙(きんえん) 금연　階段(かいだん) 계단　マンション 아파트　犬(いぬ)を 飼(か)う 개를 기르다

## 문형연습

**01** 다음 예와 같이 문장을 만들어 보세요.

예 パク → 田中(たなか) / 本(ほん)を 貸(か)す

パク：私(わたし)は 田中さんに 本(ほん)を 貸(か)して あげました。
田中(たなか)：パクさんが 私(わたし)に 本(ほん)を 貸(か)して くれました。
田中(たなか)：私(わたし)は パクさんに 本を 貸して もらいました。

① 田中(たなか) → パク / お弁当(べんとう)を 作(つく)る

田中(たなか)：________________________________________。
パク：________________________________________。
パク：________________________________________。

② キム → 安部(あべ) / 写真(しゃしん)を 見(み)せる

キム：________________________________________。
安部(あべ)：________________________________________。
安部(あべ)：________________________________________。

③ 佐藤(さとう) → キム / 花(はな)を 送(おく)る

佐藤(さとう)：________________________________________。
キム：________________________________________。
キム：________________________________________。

お弁当(べんとう) 도시락　　見(み)せる 보여 주다

## 02 다음 예와 같이 문장을 만들어 보세요.

예 パソコンを 使う

A すみません。パソコンを 使っても いいですか。

B いいですよ。どうぞ。

① 先に 帰る

A ________________。

B ________________。

② 椅子に 座る

A ________________。

B ________________。

③ 部屋に 入る

A ________________。

B ________________。

④ エアコンを つける

A ________________。

B ________________。

⑤ 質問を する

A ________________。

B ________________。

⑥ お菓子を 食べる

A ________________。

B ________________。

⑦ この 服を 着る

A ________________。

B ________________。

⑧ 遊びに 行く

A ________________。

B ________________。

使う 사용하다　先に 먼저　座る 앉다　入る 들어가다　エアコンを つける 에어컨을 켜다

質問を する 질문을 하다

# 문형연습

## 03 다음 예와 같이 문장을 만들어 보세요.

**예** ここで タバコを 吸(す)う

A ここで **タバコを 吸(す)っ**ては いけませんよ。

B そうでしたか。すみません。

① ここに 車(くるま)を 止(と)める

A ＿＿＿＿＿＿＿＿＿＿＿＿＿＿＿＿＿＿＿＿。

B ＿＿＿＿＿＿＿＿＿＿＿＿＿＿＿＿＿＿＿＿。

② ここで けいたいを 使(つか)う

A ＿＿＿＿＿＿＿＿＿＿＿＿＿＿＿＿＿＿＿＿。

B ＿＿＿＿＿＿＿＿＿＿＿＿＿＿＿＿＿＿＿＿。

③ ここに ごみを 捨(す)てる

A ＿＿＿＿＿＿＿＿＿＿＿＿＿＿＿＿＿＿＿＿。

B ＿＿＿＿＿＿＿＿＿＿＿＿＿＿＿＿＿＿＿＿。

④となりの 人(ひと)と 話(はな)す

A ＿＿＿＿＿＿＿＿＿＿＿＿＿＿＿＿＿＿＿＿。

B ＿＿＿＿＿＿＿＿＿＿＿＿＿＿＿＿＿＿＿＿。

⑤ この 絵(え)を 触(さわ)る

A ＿＿＿＿＿＿＿＿＿＿＿＿＿＿＿＿＿＿＿＿。

B ＿＿＿＿＿＿＿＿＿＿＿＿＿＿＿＿＿＿＿＿。

ごみを 捨(す)てる 쓰레기를 버리다　絵(え) 그림　触(さわ)る 만지다

## 회화 체크

다음 밑줄 부분을 보기의 단어로 바꿔가며 이야기해 보세요. 41

| | |
|---|---|
| 林(はやし) | この ⓐ お菓子(かし)、ⓑ 食(た)べても いいですか。 |
| キム | ええ、どうぞ。 |
| 林(はやし) | キムさんが ⓒ 買(か)いましたか。 |
| キム | いいえ、友達(ともだち)が ⓓ 日本(にほん)から 送(おく)って くれました。 |
| 林(はやし) | いい 友達(ともだち)ですね。 |

**보기** ⓐ お菓子(かし) 과자 ⓑ 食(た)べる 먹다
ⓒ 買(か)う 사다 ⓓ 日本(にほん)から 送(おく)る 일본에서 보내다

1 ⓐ 電子辞書(でんしじしょ) 전자사전 ⓑ 使(つか)う 사용하다
ⓒ 持(も)って くる 가지고 오다 ⓓ 貸(か)す 빌려주다

2 ⓐ 自転車(じてんしゃ) 자전거 ⓑ 借(か)りる 빌리다
ⓒ 買(か)う 사다 ⓓ 貸(か)す 빌려주다

3 ⓐ アルバム 앨범 ⓑ 見(み)る 보다
ⓒ 作(つく)る 만들다 ⓓ プレゼントで 作(つく)る 선물로 만들다

다나카가 박유리의 넷북을 보며 이야기하고 있어요.

회화

# 彼氏(かれし)が 買(か)って くれました

田中　ユリさん！ かわいい ネットブックですね。
ちょっと 見(み)ても いいですか。

パク　ええ、どうぞ。

田中　自分(じぶん)で 買(か)いましたか。

パク　いいえ、去年(きょねん)の 誕生日(たんじょうび)に 彼氏(かれし)が 買(か)って くれました。

田中　すごいですね。ユリさんは 彼氏(かれし)の 誕生日(たんじょうび)に
何(なに)を あげましたか。

パク　私(わたし)は ケーキを 作(つく)って あげました。

田中　ユリさんは 料理(りょうり)が 上手(じょうず)ですか。

パク　上手(じょうず)じゃありませんが、
時々(ときどき) 作(つく)ります。

ネットブック 넷북　自分(じぶん)で 스스로　去年(きょねん) 작년　彼氏(かれし) 애인
すごいですね 굉장하군요　時々(ときどき) 가끔

# 듣기 연습

**01** 다음 대화를 듣고 누가 누구에게 무엇을 해 주었는지 표시해 보세요. 43

①{キム · 田中(たなか)} さんは {キム · 田中(たなか)} さんに 時計(とけい)を 買(か)って あげました。

②{キム · 田中(たなか)} さんは {キム · 田中(たなか)} さんに 写真(しゃしん)を 撮(と)って もらいました。

③{キム · 鈴木(すずき)} さんは {キム · 鈴木(すずき)} さんに 日本語(にほんご)を 教(おし)えて もらいました。

**02** 기숙사 규칙에 대해 이야기하고 있습니다. 대화를 듣고 맞는 문장에는 ○, 틀린 문장에는 ×를 하세요. 44

① 夜(よる) 12時(じゅうにじ)に シャワーを 浴(あ)びても いいです。 (　　　)

② 夜(よる) 12時(じゅうにじ)に 洗濯(せんたく)を しても いいです。 (　　　)

③ 部屋(へや)で 食(た)べ物(もの)を 食(た)べては いけません。 (　　　)

④ 部屋(へや)で お酒(さけ)を 飲(の)んでは いけません。 (　　　)

# 단어 총정리

## 체크 포인트 45

- ❑ 作(つく)る 만들다
- ❑ いつも 항상
- ❑ 後輩(こうはい) 후배
- ❑ コピーする 복사하다
- ❑ レポート 리포트
- ❑ 直(なお)す 고치다
- ❑ 貸(か)す 빌려주다
- ❑ ～まで ~까지
- ❑ 借(か)りる 빌리다
- ❑ 今度(こんど) 다음(에)
- ❑ 授業中(じゅぎょうちゅう) 수업 중
- ❑ 禁煙(きんえん) 금연
- ❑ 階段(かいだん) 계단
- ❑ マンション 아파트
- ❑ 犬(いぬ)を 飼(か)う 개를 기르다

## 문형연습 46

- ❑ お弁当(べんとう) 도시락
- ❑ 作(つく)る 만들다
- ❑ 見(み)せる 보여 주다
- ❑ 使(つか)う 사용하다
- ❑ 先(さき)に 먼저
- ❑ 座(すわ)る 앉다
- ❑ エアコンを つける 에어컨을 켜다
- ❑ 質問(しつもん)を する 질문을 하다
- ❑ 止(と)める 세우다
- ❑ ごみを 捨(す)てる 쓰레기를 버리다
- ❑ 絵(え) 그림
- ❑ 触(さわ)る 만지다

## 회화 본문 47

- ❑ ネットブック 넷북
- ❑ 自分(じぶん)で 스스로
- ❑ 去年(きょねん) 작년
- ❑ 彼氏(かれし) 애인(남자친구)
- ❑ すごいですね 굉장하군요
- ❑ ケーキ 케이크
- ❑ 作(つく)る 만들다
- ❑ 時々(ときどき) 가끔

## 듣기 연습 48

- ❑ ロレックス 로렉스
- ❑ 写真(しゃしん) 사진
- ❑ 撮(と)る (사진을) 찍다
- ❑ 大丈夫(だいじょうぶ)だ 괜찮다
- ❑ 教(おし)える 가르치다
- ❑ 夜(よる) 밤
- ❑ それから 그리고
- ❑ 洗濯(せんたく) 세탁

## 한자 체크

**自**
스스로 자

음독 じ　훈독 自(みずか)ら 스스로

自分(じぶん) 자기자신　自信(じしん) 자신

**手**
손 수

음독 しゅ　훈독 手(て) 손　手紙(てがみ) 편지

手術(しゅじゅつ) 수술　お手洗(てあら)い 화장실

**作**
지을 작

음독 さく　훈독 作(つく)る 만들다

作文(さくぶん) 작문　作品(さくひん) 작품

## カタカナ 체크

カメラ 카메라

ケーキ 케이크

ネットブック 넷북

# 第07課 合(ごう)コンを した ことが ありますか

이번 과에서는 て형 뒤에 접속되는 보조 동사를 알아보고 た형(동사의 반말 과거)과 함께 과거의 경험을 나타내는 표현과 동작을 열거하는 표현도 알아볼게요。

그럼, 오늘의 핵심 포인트를 살펴볼까요~

1. 林(はやし)さんに 聞(き)いて みます。
   하야시 씨에게 물어 보겠습니다.
2. 昨日(きのう) 日本(にほん)から 帰(かえ)って きました。
   어제 일본에서 돌아 왔습니다.
3. 朝寝坊(あさねぼう)して しまいました。
   늦잠을 자고 말았습니다.
4. 日本(にほん)に 行(い)った ことが あります。
   일본에 간 적이 있습니다.
5. 映画(えいが)を 見(み)たり お酒(さけ)を 飲(の)んだり します。
   영화를 보거나 술을 마시거나 합니다.

# 체크 포인트

## 01 [동사의 て형] ~て(で) みる　~(해) 보다

● '시도하다, 경험하다'라는 의미를 나타낸답니다.

▷ 友達(ともだち)に 聞(き)いて みます。

▷ 一度(いちど)、食(た)べて みて ください。

▷ どこに 行(い)って みたいですか。

▷ 日本(にほん)に 行(い)って みました。

一度(いちど) 한 번

## 02 [동사의 て형] ~て(で) くる　~(해) 오다

● 시간적, 공간적 이동을 나타내는 표현이랍니다.

▷ ちょっと、薬屋(くすりや)に 行(い)って きます。

▷ ジュースを 買(か)って きて ください。

▷ 宿題(しゅくだい)を して きました。

薬屋(くすりや) 약국

## 03 [동사의 て형] ~て(で) しまう　~(해) 버리다

● 완료와 유감을 나타내는 표현이랍니다.

▷ その 本(ほん)は 昨日(きのう) 読(よ)んで しまいました。

▷ うっかり 忘(わす)れて しまいました。

▷ 朝寝坊(あさねぼう)して しまいました。

うっかり 깜빡　忘(わす)れる 잊다　朝寝坊(あさねぼう)する 늦잠 자다

04

## 동사의 た형 (동사의 과거)

| | | 활용방법 | 기본형 | た형 |
|---|---|---|---|---|
| 1그룹 동사 | 기본형이 「う・つ・る」로 끝나는 동사 | 「う・つ・る」가 「った」가 된다 | 会(あ)う 만나다<br>待(ま)つ 기다리다<br>帰(かえ)る (집으로)돌아가다/돌아오다 | 会(あ)った 만났다<br>待(ま)った 기다렸다<br>帰(かえ)った (집으로)돌아갔다/돌아왔다 |
| | 기본형이 「ぬ・む・ぶ」로 끝나는 동사 | 「ぬ・む・ぶ」가 「んだ」가 된다 | 死(し)ぬ 죽다<br>飲(の)む 마시다<br>遊(あそ)ぶ 놀다 | 死(し)んだ 죽었다<br>飲(の)んだ 마셨다<br>遊(あそ)んだ 놀았다 |
| | 기본형이 「く」로 끝나는 동사 | 「く」가 「いた」가 된다 | 書(か)く 쓰다 | 書(か)いた 썼다 |
| | 기본형이 「ぐ」로 끝나는 동사 | 「ぐ」가 「いだ」가 된다 | 泳(およ)ぐ 헤엄치다 | 泳(およ)いだ 헤엄쳤다 |
| | 기본형이 「す」로 끝나는 동사 | 「す」가 「した」가 된다 | 話(はな)す 이야기하다 | 話(はな)した 이야기했다 |
| 2그룹 동사 | 기본형이 「る」로 끝나고 「る」앞이 イ단이나 エ단인 동사 | 「る」를 떼고 「た」를 붙인다 | 見(み)る 보다<br>食(た)べる 먹다 | 見(み)た 봤다<br>食(た)べた 먹었다 |
| 3그룹 동사 | 불규칙동사 | 2개뿐이니까 외운다 | 来(く)る 오다<br>する 하다 | 来(き)た 왔다<br>した 했다 |
| 예외 동사 | 行(い)く 가다→行った 갔다 | | | |

## 체크 포인트

05

### [동사의 た형] ～た(だ) ことが あります　～(한) 적이 있습니다

▷ 日本人(にほんじん)と 話(はな)した ことが あります。

▷ A 犬(いぬ)の 肉(にく)を 食(た)べた ことが ありますか。

B1 はい、食(た)べた ことが あります。

B2 いいえ、食(た)べた ことが ありません。

肉(にく) 고기

06

### [동사의 た형] ～た(だ)り、～た(だ)り する　～(하)거나 ～(하)거나 하다

▷ 映画(えいが)を 見(み)たり、お酒(さけ)を 飲(の)んだり します。

▷ 週末(しゅうまつ)は 家(いえ)で ゴロゴロしたり、町(まち)を ブラブラしたり しました。

▷ 行(い)ったり 来(き)たり します。

ゴロゴロする 빈둥빈둥하다　町(まち) 동네　行(い)ったり 来(き)たり する 왔다 갔다 하다　ブラブラする (목적없이)다니다

# 문형연습

**01** 다음 예와 같이 문장을 만들어 보세요.

예 日本(にほん)に 行(い)く / はい・いいえ

A 日本に 行った ことが ありますか。

B1 はい、行(い)った ことが あります。

B2 いいえ、行(い)った ことが ありません。

① 日本酒(にほんしゅ)を 飲(の)む / いいえ

A ______________________________。

B ______________________________。

② ホテルで ご飯(はん)を 食(た)べる / はい

A ______________________________。

B ______________________________。

③ 芸能人(げいのうじん)に 会(あ)う / はい

A ______________________________。

B ______________________________。

④ 日本料理(にほんりょうり)を 作(つく)る / いいえ

A ______________________________。

B ______________________________。

日本酒(にほんしゅ) 일본주　　ホテル 호텔　　芸能人(げいのうじん) 연예인

## 문형연습

**02** 다음 예와 같이 문장을 만들어 보세요.

예 日本(にほん)の ドラマを 見(み)る / はい・いいえ

A 日本(にほん)の ドラマを 見(み)た ことが ありますか。

B いいえ、見(み)た ことが ありません。

A 一度(いちど) 見(み)て みたいですか。

B はい、見(み)て みたいです。（いいえ、見(み)て みたく ありません。）

① バンジージャンプを する / いいえ

A ________________________________。

B ________________________________。

A ________________________________。

B ________________________________。

② 日本語(にほんご)で 日記(にっき)を 書(か)く / はい

A ________________________________。

B ________________________________。

A ________________________________。

B ________________________________。

③ 日本(にほん)の 小説(しょうせつ)を 読(よ)む / はい

A ________________________________。

B ________________________________。

A ________________________________。

B ________________________________。

④ ラブレターを もらう / はい

A ＿＿＿＿＿＿＿＿＿＿＿＿＿＿＿＿＿＿＿＿＿＿＿＿＿＿＿＿＿＿。

B ＿＿＿＿＿＿＿＿＿＿＿＿＿＿＿＿＿＿＿＿＿＿＿＿＿＿＿＿＿＿。

A ＿＿＿＿＿＿＿＿＿＿＿＿＿＿＿＿＿＿＿＿＿＿＿＿＿＿＿＿＿＿。

B ＿＿＿＿＿＿＿＿＿＿＿＿＿＿＿＿＿＿＿＿＿＿＿＿＿＿＿＿＿＿。

⑤ 海外旅行(かいがいりょこう)を する / はい

A ＿＿＿＿＿＿＿＿＿＿＿＿＿＿＿＿＿＿＿＿＿＿＿＿＿＿＿＿＿＿。

B ＿＿＿＿＿＿＿＿＿＿＿＿＿＿＿＿＿＿＿＿＿＿＿＿＿＿＿＿＿＿。

A ＿＿＿＿＿＿＿＿＿＿＿＿＿＿＿＿＿＿＿＿＿＿＿＿＿＿＿＿＿＿。

B ＿＿＿＿＿＿＿＿＿＿＿＿＿＿＿＿＿＿＿＿＿＿＿＿＿＿＿＿＿＿。

バンジージャンプ 번지점프　日記(にっき)を 書(か)く 일기를 쓰다　小説(しょうせつ) 소설　ラブレター 러브레터

## 03 다음 예와 같이 문장을 만들어 보세요.

예 音楽(おんがく)を 聞(き)く・ビデオを 見(み)る

→ 暇(ひま)な 時(とき)、音楽(おんがく)を 聞(き)いたり、ビデオを 見(み)たり します。

① 一日中(いちにちじゅう) 寝(ね)る・ドライブを する

→ 週末(しゅうまつ)は ＿＿＿＿＿＿＿＿た(だ)り、＿＿＿＿＿＿＿＿た(だ)り します。

# 문형연습

② バスで 来(く)る・地下鉄(ちかてつ)で 来(く)る

→ 日本語学校(にほんごがっこう)まで＿＿＿＿＿た(だ)り、＿＿＿＿＿た(だ)り します。

③ メールを 書(か)く・テレビを 見(み)る

→ 晩(ばん)ご飯(はん)の 後(あと)、＿＿＿＿＿た(だ)り、＿＿＿＿＿た(だ)り して います。

④ テレビゲームを する・公園(こうえん)で 遊(あそ)ぶ・漫画(まんが)を 読(よ)む

→ 子供(こども)の 時(とき)、＿＿＿＿＿＿た(だ)り、＿＿＿＿＿＿た(だ)り、＿＿＿＿＿＿た(だ)り しました。

ビデオ 비디오　　テレビゲーム 텔레비전 게임

## 회화 체크

●● 다음 밑줄 부분을 보기의 단어로 바꿔가며 이야기해 보세요. 49

| | |
|---|---|
| 林(はやし) | 週末(しゅうまつ)、ⓐ ミョンドンに 行(い)って 来(き)ましたが、キムさんは |
| | ⓐ ミョンドンに 行(い)った ことが ありますか。 |
| キム | はい、あります。林(はやし)さんは ⓐ ミョンドンで 何(なに)を |
| | しましたか。 |
| 林(はやし) | ⓑ 買(か)い物(もの)を したり、ⓒ おいしい ものを 食(た)べたり |
| | しました。 |
| キム | どうでしたか。 |
| 林(はやし) | とても 楽(たの)しかったです。 |

**보기** ⓐ ミョンドン 명동 ⓑ 買(か)い物(もの)を する 쇼핑을 하다
ⓒ おいしい ものを 食(た)べる 맛있는 것을 먹다

- **1** ⓐ サファリパーク 사파리 공원 ⓑ 動物(どうぶつ)に えさを やる 동물에게 먹이를 주다
  ⓒ 動物(どうぶつ)と 遊(あそ)ぶ 동물과 놀다
- **2** ⓐ チェジュド 제주도 ⓑ 馬(うま)に 乗(の)る 말을 타다
  ⓒ 海(うみ)で 泳(およ)ぐ 바다에서 수영하다
- **3** ⓐ 日本(にほん) 일본 ⓑ ディズニーランドに 行(い)く 디즈니랜드에 가다
  ⓒ お寺(てら)を 見(み)る 절을 보다

다나카, 박유리, 야스다가 한국과 일본의 미팅에 대해서 이야기 하고 있어요.

회화

# 合(ごう)コンを　した　ことが　ありますか

50

パク　安田(やすだ)さんは 合(ごう)コンを した ことが ありますか。

安田　いいえ、まだ した ことが ありません。一度(いちど) して みたいです。

パク　そうですか。今度(こんど) 私(わたし)の 後輩(こうはい)に 頼(たの)んで みましょうか。

安田　ぜひ お願(ねが)いします。

パク　はい、後(あと)で 彼女(かのじょ)に 電話(でんわ)して みますね。

安田　韓国(かんこく)では 合(ごう)コンの 時(とき)、何(なに)を しますか。

パク　食事(しょくじ)を したり、お酒(さけ)を 飲(の)んだり しますよ。

安田　日本(にほん)と 同(おな)じですね。

合(ごう)コン 미팅　頼(たの)む 부탁하다　ぜひ 꼭　後(あと)で 나중에　食事(しょくじ) 식사
同(おな)じだ 똑같다

## 듣기 연습

**01** 다음 내용을 듣고 사람과 내용에 일치하는 그림을 선으로 연결하세요. 51

① 鈴木(すずき)さん　•　　•　ⓐ 

② 田中(たなか)さん　•　　•　ⓑ 

③ パクさん　•　　•　ⓒ 

④ キムさん　•　　•　ⓓ 

**02** 다음 대화를 듣고 남자가 일본에서 무엇을 했는지 그림을 보고 고르세요. 52

① 

② 

③ 

# 단어 총정리

## 체크 포인트 53

- ❑ 一度(いちど) 한번
- ❑ 聞(き)く 듣다/묻다
- ❑ 薬屋(くすりや) 약국
- ❑ うっかり 깜빡
- ❑ 忘(わす)れる 잊다
- ❑ 朝寝坊(あさねぼう)する 늦잠 자다
- ❑ 肉(にく) 고기
- ❑ ゴロゴロする 뒹굴뒹굴하다
- ❑ 町(まち) 동네
- ❑ ブラブラする (목적없이) 다니다
- ❑ 行(い)ったり 来(き)たり する 왔다 갔다 하다

## 문형연습 54

- ❑ 芸能人(げいのうじん) 연예인
- ❑ バンジージャンプ 번지점프
- ❑ 日記(にっき)を 書(か)く 일기를 쓰다
- ❑ 小説(しょうせつ) 소설
- ❑ ラブレター 러브레터
- ❑ 公園(こうえん) 공원
- ❑ 漫画(まんが) 만화

## 회화 본문 55

- ❑ 合(ごう)コン 미팅
- ❑ まだ 아직
- ❑ 一度(いちど) 한 번
- ❑ 今度(こんど) 다음(에)
- ❑ 後輩(こうはい) 후배
- ❑ 頼(たの)む 부탁하다
- ❑ ぜひ 꼭
- ❑ 食事(しょくじ) 식사
- ❑ 同(おな)じだ 똑같다

## 듣기 연습 56

- ❑ 相撲(すもう) 스모
- ❑ 雰囲気(ふんいき) 분위기
- ❑ 楽(たの)しい 즐겁다

## 한자 체크

**買** 살 매

음독 ばい　훈독 買う 사다　買い物 쇼핑
売買 매매

買　買　買

**知** 알 지

음독 ち　훈독 知る 알다
知識 지식　知恵 지혜

知　知　知

**所** 바 소

음독 しょ　훈독 所 곳, 장소
場所 장소　所属 소속

所　所　所

## カタカナ 체크

ドライブ 드라이브

ドライブ

ジュース 주스

ジュース

チャット 채팅

チャット

# 第08課 何(なに)も 食(た)べないで コーヒーを 飲(の)む のは 体(からだ)に よく ありません

이번 과에서는 부정을 의미하는 ない형을 알아보고 ない형을 이용한 금지 표현에 대해서도 함께 알아볼게요.

그럼, 오늘의 핵심 포인트를 살펴볼까요~

1. 今日(きょう)は 約束(やくそく)が ないです。
   오늘은 약속이 없습니다.

2. 勉強(べんきょう)を しないで 寝(ね)ました。
   공부를 하지 않고 잤습니다.

3. 娘(むすめ)が 勉強(べんきょう)を しなくて 心配(しんぱい)です。
   딸이 공부를 하지 않아서 걱정입니다.

4. 約束(やくそく)を 忘(わす)れないで ください。
   약속을 잊지 마세요.

# 체크 포인트

## 01 동사의 ない형

동사의 반말 부정

| | 활용방법 | 기본형 | ない형 |
|---|---|---|---|
| 1그룹 동사 | 마지막음인 ウ단을 ア단으로 바꾼 뒤「ない」를 붙인다 | 待(ま)つ 기다리다<br>帰(かえ)る (집으로)돌아가다/돌아오다<br>死(し)ぬ 죽다<br>飲(の)む 마시다<br>遊(あそ)ぶ 놀다<br>書(か)く 쓰다<br>泳(およ)ぐ 헤엄치다<br>話(はな)す 이야기하다 | 待(ま)たない 기다리지 않다<br>帰(かえ)らない (집으로)돌아가지/돌아오지 않다<br>死(し)なない 죽지 않다<br>飲(の)まない 마시지 않다<br>遊(あそ)ばない 놀지 않다<br>書(か)かない 쓰지 않다<br>泳(およ)がない 헤엄치지 않다<br>話(はな)さない 이야기하지 않다 |
| 2그룹 동사 | 「る」를 떼고「ない」를 붙인다 | 見(み)る 보다<br>食(た)べる 먹다 | 見(み)ない 보지 않다<br>食(た)べない 먹지 않다 |
| 3그룹 동사 | 2개뿐이니까 외운다 | 来(く)る 오다<br>する 하다 | 来(こ)ない 오지 않다<br>しない 하지 않다 |
| 예외 동사 | 「う」로 끝나는 동사는「~わない」로 바꾼다 | 会(あ)う 만나다 | 会(あ)わない 만나지 않다 |
| | | ある 있다 | ない 없다 |

## 02 [동사의 ない형] ~ないで ~(하)지 않고/ ~(하)지 말고

▷ いつも ご飯(はん)を 食(た)べないで 出(で)かけます。

▷ 昨日(きのう)、電気(でんき)を 消(け)さないで 寝(ね)ました。

▷ 砂糖(さとう)を 入(い)れないで ミルクを 入(い)れて ください。

出(で)かける 외출하다　電気(でんき)を 消(け)す 전기를 끄다　砂糖(さとう) 설탕　ミルク 우유

## 03 [동사의 ない형] ~なくて ~(하)지 않아서

▷ 友達(ともだち)が 来(こ)なくて 心配(しんぱい)しました。

▷ なかなか バスが 動(うご)かなくて 困(こま)りました。

▷ 電話(でんわ)に 出(で)なくて 心配(しんぱい)しました。

心配(しんぱい)する 걱정하다　なかなか 좀처럼　動(うご)く 움직이다　困(こま)る 곤란하다　電話(でんわ)に 出(で)る 전화를 받다

## 04 [동사의 ない형] ~ないで ください ~(하)지 마세요

▷ 約束(やくそく)の 時間(じかん)に 遅(おく)れないで ください。

▷ 私(わたし)を 忘(わす)れないで ください。

▷ ごみを 捨(す)てないで ください。

約束(やくそく) 약속　遅(おく)れる 늦다

# 문형연습

## 01 다음 동사를 ない형으로 바꿔보세요.

| 기본형 | ない형 | 기본형 | ない형 | 기본형 | ない형 |
|---|---|---|---|---|---|
| 예 食(た)べる | 食(た)べない | 待(ま)つ | | 行(い)く | |
| 来(く)る | | 遊(あそ)ぶ | | 寝(ね)る | |
| 買(か)う | | 取(と)る | | 死(し)ぬ | |
| 読(よ)む | | する | | 話(はな)す | |
| 書(か)く | | 泳(およ)ぐ | | 帰(かえ)る | |

## 02 다음 예와 같이 문장을 만들어 보세요.

예

昨日(きのう)

今日(きょう)

昨日(きのう)は 傘(かさ)を 持(も)って 家(いえ)を 出(で)ました

→ 今日(きょう)は 傘(かさ)を 持(も)たないで 家(いえ)を 出(で)ました。

①

おととい

昨日(きのう)

おとといは 電気(でんき)を 消(け)して 寝(ね)ました。

→ 昨日(きのう)は＿＿＿＿＿＿＿＿＿＿＿＿＿＿＿＿。

②

昨日(きのう)

今日(きょう)

昨日(きのう)は 本(ほん)を 見(み)て 料理(りょうり)を しました。

→ 今日(きょう)は＿＿＿＿＿＿＿＿＿＿＿＿＿＿＿＿。

③  

昨日　今日

昨日は 砂糖を 入れて コーヒーを 飲みました。

→ 今日は＿＿＿＿＿＿＿＿＿＿＿＿＿＿＿＿＿。

傘 우산　　おととい 그저께

## 03 올바른 단어를 고르시오.

① シャワーを（浴びないで / 浴びなくて）寝ました。

② 友達から（連絡が 来ないで / 連絡が 来なくて）心配です。

③ ご飯を（食べないで / 食べなくて）出かけました。

④ 地下鉄が（来ないで / 来なくて）困って います。

連絡 연락

## 문형연습

**04** 다음 그림을 보고 예와 같이 말하세요.

예

タバコを 吸(す)う

→ タバコを 吸(す)わないで ください。

① 写真(しゃしん)を 撮(と)る

→ ＿＿＿＿＿＿＿＿＿＿＿＿＿＿＿＿。

② ごみを 捨(す)てる

→ ＿＿＿＿＿＿＿＿＿＿＿＿＿＿＿＿。

③ となりの 人(ひと)と 話(はな)す

→ ＿＿＿＿＿＿＿＿＿＿＿＿＿＿＿＿。

④ 授業中(じゅうぎょうちゅう)に 寝(ね)る

→ ＿＿＿＿＿＿＿＿＿＿＿＿＿＿＿＿。

⑤ ここで 走(はし)る

→ ＿＿＿＿＿＿＿＿＿＿＿＿＿＿＿＿。

走(はし)る 달리다

## 회화 체크

●● 다음 밑줄 부분을 보기의 단어로 바꿔가며 이야기해 보세요. 57

林(はやし)　すみません、ここで ⓐ タバコを 吸(す)っても いいですか。

店員(てんいん)　いいえ、ここで ⓐ 吸(す)わないで 外(そと)で ⓐ 吸(す)って ください。

林(はやし)　それから、ⓑ パソコンを 使(つか)っても いいですか。

店員(てんいん)　はい、いいですよ。でも、ⓒ 電源(でんげん)は 切(き)らないで ください。

林(はやし)　はい、わかりました。

**보기**　ⓐ タバコを 吸(す)う 담배를 피우다　ⓑ パソコンを 使(つか)う 컴퓨터를 사용하다
ⓒ 電源(でんげん)を 切(き)る 전원을 끄다

● 1　ⓐ 電話(でんわ)を する 전화를 하다　ⓑ エアコンを つける 에어컨을 켜다
ⓒ 窓(まど)を 開(あ)ける 창문을 열다

● 2　ⓐ 足(あし)を 洗(あら)う 발을 씻다　ⓑ タオルを 使(つか)う 타올을 사용하다
ⓒ 持(も)って いく 가지고 가다

● 3　ⓐ 話(はな)す 이야기하다　ⓑ 写真(しゃしん)を 撮(と)る 사진을 찍다
ⓒ 絵(え)を 触(さわ)る 그림을 만지다

다나카가 대학원 동기와 커피를 마시며 이야기 하고 있어요.

# 何(なに)も 食(た)べないで コーヒーを 飲(の)む のは 体(からだ)に よく ありません

58

同級生　また、コーヒーですか。田中(たなか)さんは コーヒーが 好(す)きですね。

田中　ええ、大好(だいす)きです。一日(いちにち)に 5、6杯(ごろっぱい)は 飲(の)んで います。

同級生　朝(あさ)ご飯(はん)は 食(た)べましたか。

田中　いいえ、私(わたし)の 一日(いちにち)は この コーヒーで 始(はじ)まります。

同級生　何(なに)も 食(た)べないで、コーヒーを 飲(の)む のは 体(からだ)に よく ありませんよ。

田中　そうですね。心配(しんぱい)して くれて ありがとう。

体(からだ)に よく ない 몸에 안 좋다

# 듣기 연습

**01** 다음 대화를 듣고 마지막에 나올 적당한 말을 a~c 중에서 고르세요. 59

a. 今日　お酒を　飲みに　行きましょう。
b. 今日は　無理しないで　早く　家へ　帰って　ください。
c. 今日は　家へ　帰らないで　ください。

**02** 위 검사를 하기 위해 병원에 갔습니다. 다음 대화를 듣고 해도 되는 것에는 ○, 해서는 안 되는 것에는 ×를 하세요. 60

①  (　　　)

②  (　　　)

③  (　　　)

④  (　　　)

# 단어 총정리

## 체크 포인트 61

- ❑ 出(で)かける 외출하다
- ❑ 電気(でんき)を 消(け)す 전기를 끄다
- ❑ 砂糖(さとう) 설탕
- ❑ 入(い)れる 넣다
- ❑ ミルク 우유
- ❑ 心配(しんぱい)する 걱정하다
- ❑ なかなか 좀처럼
- ❑ 動(うご)く 움직이다
- ❑ 困(こま)る 곤란하다
- ❑ 電話(でんわ) 전화
- ❑ 約束(やくそく) 약속
- ❑ 遅(おく)れる 늦다
- ❑ 忘(わす)れる 잊다
- ❑ ごみを 捨(す)てる 쓰레기를 버리다

## 문형연습 62

- ❑ 傘(かさ) 우산
- ❑ おととい 그저께
- ❑ 連絡(れんらく) 연락
- ❑ 地下鉄(ちかてつ) 지하철
- ❑ 困(こま)る 곤란하다
- ❑ 授業中(じゅぎょうちゅう) 수업 중
- ❑ 走(はし)る 달리다

## 회화 본문 63

- ❑ また 또
- ❑ 大好(だいす)きだ 매우 좋아하다
- ❑ 一日(いちにち) 하루
- ❑ 始(はじ)まる 시작되다
- ❑ 体(からだ)に よく ない 몸에 안 좋다
- ❑ 何(なに)も 아무 것도
- ❑ 心配(しんぱい)する 걱정하다

## 듣기 연습 64

- ❑ 風邪(かぜ) 감기
- ❑ 胃(い) 위
- ❑ 辛(から)い 맵다
- ❑ 肉(にく) 고기
- ❑ 水(みず) 물

## 한자 체크

心
마음 심

음독 しん 훈독 心(こころ) 마음 心強(こころづよ)い 든든하다
心臓(しんぞう) 심장

心 心 心

朝
아침 조

음독 ちょう 훈독 朝(あさ) 아침
朝食(ちょうしょく) 조식

朝 朝 朝

飲
마실 음

음독 いん 훈독 飲(の)む 마시다
飲料(いんりょう) 음료

飲 飲 飲

## カタカナ 체크

ミルク 밀크

ミルク

ケーブルカー 케이블카

ケーブルカー

タバコ 담배

タバコ

# 第09課 漢字(かんじ)も 覚(おぼ)えなければ なりませんよ

이번 과에서는 허용과 의무를 나타내는 표현과 상대에게 충고와 조언을 하는 표현법에 대해 알아볼게요。

그럼, 오늘의 핵심 포인트를 살펴볼까요~

1. 明日(あした)までに レポートを 書(か)かなければ なりません。
   내일까지 레포트를 써야 합니다.

2. 無理(むり)して 全部(ぜんぶ) 食(た)べなくても いいです。
   무리해서 전부 먹지 않아도 됩니다.

3. ゆっくり 休(やす)んだ ほうが いいです。
   푹 쉬는 편이 좋습니다.

4. 体(からだ)に 悪(わる)いですから タバコは 吸(す)わない ほうが いいです。
   몸에 좋지 않으니까 담배는 피우지 않는 것이 좋습니다.

## 체크 포인트

### 01 [동사의 ない형] ~なければ なりません ~(하)지 않으면 안 됩니다/(해)야 합니다

- 明日(あした)までに レポートを 書(か)かなければ なりません。
- 雨(あめ)の 日(ひ)は 道(みち)が 込(こ)みますから 早(はや)く 家(いえ)を 出(で)なければ なりません。
- 学生(がくせい)は 勉強(べんきょう)しなければ なりません。

道(みち)が 込(こ)む 길이 막히다

### 02 [동사의 ない형] ~なくても いいです ~(하)지 않아도 됩니다

- とても 辛(から)いですから、無理(むり)して 食(た)べなくても いいです。
- まだ 時間(じかん)が ありますから、そんなに 急(いそ)がなくても いいです。
- 週末(しゅうまつ)は 早(はや)く 起(お)きなくても いいです。

無理(むり)する 무리하다　　そんなに 그렇게

03

## [동사의 た형] ~ほうが いいです　~(하)는 편이 좋습니다
## [동사의 ない형] ~ない ほうが いいです　~(하)지 않는 편이 좋습니다

충고와 조언을 나타내는 표현이랍니다.

▷ 土曜日(どようび)は 予約(よやく)した ほうが いいですよ。

▷ 体調(たいちょう)が 悪(わる)い 時(とき)は ゆっくり 休(やす)んだ ほうが いいですよ。

▷ 体(からだ)に 悪(わる)いですから タバコを 吸(す)わない ほうが いいです。

▷ これ、食(た)べない ほうが いいですよ。

▷ 風邪(かぜ)ですか。じゃ、今日(きょう)は シャワーを 浴(あ)びない ほうが いいですよ。

土曜日(どようび) 토요일　予約(よやく)する 예약하다　体調(たいちょう)が 悪(わる)い 몸이 안 좋다

## 문형연습

**01** 다음 예와 같이 문장을 만들어 보세요.

예 毎朝(まいあさ) 早(はや)く 起(お)きる
→ 毎朝(まいあさ) 早(はや)く 起(お)きなければ なりません。

① 予約(よやく)する
→ ______________________なければ なりません。

② 8時(はちじ)の 電車(でんしゃ)に 乗(の)る
→ ______________________なければ なりません。

③ 11時(じゅういちじ)までに 帰(かえ)る
→ ______________________なければ なりません。

④ 会議(かいぎ)に 出(で)る
→ ______________________なければ なりません。

電車(でんしゃ) 전철　　会議(かいぎ)に 出(で)る 회의에 출석하다

## 02 다음 문장을 보고 알맞게 완성해 보세요.

예 会社(かいしゃ)に 行(い)く
→ 今日(きょう)は 休(やす)みですから 会社に 行かなくても いいです。

① そんなに 急(いそ)ぐ
→ 時間(じかん)は たくさん ありますから __________なくても いいです。

② 全部(ぜんぶ) 食(た)べる
→ とても 辛(から)いですから __________なくても いいです。

③ 今日(きょう)は 勉強(べんきょう)する
→ テストが 終(お)わりましたから __________なくても いいです。

④ たくさん 買(か)う
→ 一(ひと)つ あれば 十分(じゅうぶん)ですから __________なくても いいです。

全部(ぜんぶ) 전부　終(お)わる 끝나다　十分(じゅうぶん)だ 충분하다

## 문형연습

**03** 다음 예와 같이 문장을 이용해서 대화해 보세요.

예 頭(あたま)が 痛(いた)い / ちょっと 休(やす)む

A **頭(あたま)が 痛(いた)い**です。

B **ちょっと 休(やす)ん**だ ほうが いいですよ。

① 今日(きょう)も 残業(ざんぎょう)だ / あまり 無理(むり)しない

A ＿＿＿＿＿＿＿＿＿＿＿＿＿＿＿＿＿＿＿＿。

B ＿＿＿＿＿＿＿＿＿＿＿＿＿＿＿＿＿＿＿＿。

② 時間(じかん)が ありません / 急(いそ)ぐ

A ＿＿＿＿＿＿＿＿＿＿＿＿＿＿＿＿＿＿＿＿。

B ＿＿＿＿＿＿＿＿＿＿＿＿＿＿＿＿＿＿＿＿。

③ 風邪(かぜ)を ひく / シャワーを 浴(あ)びない

A ＿＿＿＿＿＿＿＿＿＿＿＿＿＿＿＿＿＿＿＿。

B ＿＿＿＿＿＿＿＿＿＿＿＿＿＿＿＿＿＿＿＿。

④ となりの 人(ひと)が うるさい / 管理人(かんりにん)に 言(い)う

A ＿＿＿＿＿＿＿＿＿＿＿＿＿＿＿＿＿＿＿＿。

B ＿＿＿＿＿＿＿＿＿＿＿＿＿＿＿＿＿＿＿＿。

残業(ざんぎょう) 야근　風邪(かぜ)を ひく 감기에 걸리다　うるさい 시끄럽다　管理人(かんりにん) 관리인

## 회화 체크

•• 다음 밑줄 부분을 보기의 단어로 바꿔가며 이야기해 보세요. 65

林(はやし)　明日(あした)は ⓐ 練習(れんしゅう)しなくても いいですか。

キム　いいえ、ⓐ しなければ なりません。

林(はやし)　明日(あした)も ⓑ 試合(しあい)ですか。

キム　はい、最近(さいきん) ⓑ 試合(しあい)が 多(おお)いです。

林(はやし)　大変(たいへん)ですね。ⓒ 少(すこ)し 休(やす)んだ 方(ほう)が いいですよ。

**보기** ⓐ 練習(れんしゅう)する 연습하다　ⓑ 試合(しあい) 시합　ⓒ 少(すこ)し 休(やす)む 좀 쉬다

1. ⓐ 会社(かいしゃ)に 行(い)く 회사에 가다　ⓑ 会議(かいぎ) 회의
   ⓒ 少(すこ)し 休(やす)む 좀 쉬다

2. ⓐ 勉強(べんきょう)する 공부하다　ⓑ 試験(しけん) 시험
   ⓒ 無理(むり)しない 무리하지 않다

3. ⓐ 友達(ともだち)に 会(あ)う 친구를 만나다　ⓑ 約束(やくそく) 약속
   ⓒ 今日(きょう)は 早(はや)く 帰(かえ)る 오늘은 일찍 돌아가다

박유리가 다니고 있는 일본어 학원의 선생님이
학생들에게 레벨 테스트에 대해 알리고 있어요.

## 회화

# 漢字(かんじ)も 覚(おぼ)えなければ なりませんよ

66

**先生** 皆(みな)さん！ 来週(らいしゅう) テストを します。

**パク** 先生(せんせい)！ テストに 漢字(かんじ)の 問題(もんだい)も 出(で)ますか。

**先生** ええ、漢字(かんじ)の 問題(もんだい)も ありますから、漢字(かんじ)も 覚(おぼ)えなければ なりませんよ。

**パク** 先生(せんせい)！ カタカナも 出(で)ますか。

**先生** いいえ、今度(こんど)は 出(で)ません。でも カタカナは 毎日(まいにち) 練習(れんしゅう)した ほうが いいですよ。

**パク** はい、わかりました。

**先生** それじゃ、皆(みな)さん 来週(らいしゅう)の テスト がんばって ください。

漢字(かんじ) 한자　皆(みな)さん 여러분　問題(もんだい) 문제　覚(おぼ)える 외우다　カタカナ 가타카나　練習(れんしゅう)する 연습하다
それじゃ 그러면　がんばる 분발하다

## 듣기 연습

**01** 다음은 사토의 하루 일과입니다. 해야 하는 것에 ○, 하지 않아도 되는 것에 ×를 하세요. 67

① 

(　　　)

② 

(　　　)

③ 

(　　　)

④ 

(　　　)

⑤ 

(　　　)

**02** 다음 대화를 듣고 마지막에 나올 적당한 말을 a ~ c 중에서 고르세요. 68

a. 病院(びょういん)には 行(い)かない ほうが いいですよ
b. 今日(きょう)は 休(やす)んだ ほうが いいですよ
c. 夜(よる) 遅(おそ)く 食(た)べない ほうが いいですよ

① (　　　)　　　② (　　　)

# 단어 총정리

## 체크 포인트 69

- ❑ 道(みち)が 込(こ)む 길이 막히다
- ❑ 辛(から)い 맵다
- ❑ 無理(むり)する 무리하다
- ❑ そんなに 그렇게
- ❑ 急(いそ)ぐ 서두르다
- ❑ 週末(しゅうまつ) 주말
- ❑ 起(お)きる 일어나다
- ❑ 土曜日(どようび) 토요일
- ❑ 予約(よやく) する 예약하다
- ❑ 体調(たいちょう)が 悪(わる)い 몸이 안 좋다
- ❑ 体(からだ) 몸
- ❑ 風邪(かぜ) 감기
- ❑ 今日(きょう) 오늘

## 문형연습 70

- ❑ 毎朝(まいあさ) 매일 아침
- ❑ 電車(でんしゃ) 전철
- ❑ 会議(かいぎ)に 出(で)る 회의에 출석하다
- ❑ 全部(ぜんぶ) 전부
- ❑ 十分(じゅうぶん)だ 충분하다
- ❑ 残業(ざんぎょう) 야근
- ❑ 風邪(かぜ)を ひく 감기에 걸리다 (관용구)
- ❑ うるさい 시끄럽다
- ❑ 管理人(かんりにん) 관리인

## 회화 본문 71

- ❑ 皆(みな)さん 여러분
- ❑ 来週(らいしゅう) 다음 주
- ❑ テスト 테스트, 시험
- ❑ 漢字(かんじ) 한자
- ❑ 問題(もんだい) 문제
- ❑ 覚(おぼ)える 외우다
- ❑ カタカナ 가타카나
- ❑ 出(で)る 나오다
- ❑ 練習(れんしゅう) 연습
- ❑ それじゃ 그러면
- ❑ がんばる 분발하다

## 듣기 연습 72

- ❑ 単語(たんご) 단어
- ❑ 覚(おぼ)える 외우다
- ❑ 掃除(そうじ) 청소
- ❑ 顔色(かおいろ)が 悪(わる)い 안색이 안 좋다
- ❑ 最近(さいきん) 최근
- ❑ 太(ふと)る 살찌다
- ❑ 病院(びょういん) 병원
- ❑ 夜遅(よるおそ)く 밤늦게

## 한자 체크

# 出
날 출

음독 しゅつ 훈독 出る 나가(오)다 出す 꺼내다, 내다

輸出 수출 出張 출장

出 出 出

# 来
올 래

음독 らい 훈독 来る 오다

来週 다음 주

来 来 来

# 毎
매양 매

음독 まい 훈독 毎 ~마다

毎日 매일 毎週 매주

毎 毎 毎

## カタカナ 체크

カタカナ 가타카나

カタカナ

テスト 테스트

テスト

レポート 리포트

レポート

# 第 10 課 ビールは 冷蔵庫(れいぞうこ)に 入(い)れて あります

이번 과에서는 자동사와 타동사의 의미와 역할에 대해 알아보고 타동사의 상태에 대해서도 알아볼게요.

그럼, 오늘의 핵심 포인트를 살펴볼까요~

1 車(くるま)が 急(きゅう)に 止(と)まりました。
차가 갑자기 멈추었습니다.

2 車(くるま)を 家(いえ)の 前(まえ)に 止(と)めました。
차를 집 앞에 세웠습니다.

3 ビールは 冷蔵庫(れいぞうこ)に 入(い)れて おきました。
맥주는 냉장고에 넣어 두었습니다.

4 ビールは 冷蔵庫(れいぞうこ)に 入(い)れて あります。
맥주는 냉장고에 들어 있습니다.

# 체크 포인트

## 01 자동사

자동사는 사람이나 사물이 자신의 의도와 상관없이 스스로 변화, 동작, 작용하는 것을 나타내는 동사로, 자동사 앞에는 목적어를 나타내는 조사「を」가 아닌「が」를 사용한답니다.

- 授業(じゅぎょう)が 始(はじ)まりました。
- 車(くるま)が 止(と)まりました。
- 窓(まど)が 開(あ)いて います。

## 02 타동사

타동사란 사람이 의도적으로 하는 행위를 나타내는 동사로 조사는「を」를 사용한답니다.

- 窓(まど)を 開(あ)けます。
- 田中(たなか)さんが 電気(でんき)を つけました。

| 자동사 | 타동사 | 자동사 | 타동사 |
|---|---|---|---|
|  |  |  |  |
| 開(あ)く 열리다 | 開(あ)ける 열다 | 閉(し)まる 닫히다 | 閉(し)める 닫다 |
|  |  |  |  |
| つく 켜지다 | つける 켜다 | 消(き)える 꺼지다 | 消(け)す 끄다 |
|  |  |  |  |
| 起(お)きる 일어나다 | 起(お)こす 깨우다, 일으키다 | 入(はい)る 들어가다 | 入(い)れる 넣다 |
|  |  |  |  |
| 出(で)る 나가다 | 出(だ)す 꺼내다 | 落(お)ちる 떨어지다 | 落(お)とす 떨어뜨리다 |
|  |  |  |  |
| 止(と)まる 멈춰서다 | 止(と)める 세우다 | 壊(こわ)れる 고장나다, 무너지다 | 壊(こわ)す 고장나게 하다, 부수다 |

## 체크 포인트

### 03 [동사의 て형] ~て(で) おく　~(해) 두다

- '준비해 두다'라는 의미를 나타내는 표현이랍니다.

▷ 映画の　チケットは　私が　予約して　おきます。

▷ ビールは　冷蔵庫に　入れて　おきました。

▷ 会議の　前に　この　資料を　読んで　おいて　ください。

冷蔵庫 냉장고　～前に ~전에　資料 자료

### 04 [타동사의 て형] ~て ( で ) ある　~(해)져 있다

- 누군가가 의도적으로 어떤 목적을 가지고 한 행동이 현재 결과로서 남아 있는 상태를 나타낸답니다.

▷ 映画の　ポスターが　はって　あります。

▷ 机の　上に　メモが　置いて　あります。

▷ 誰の　名前が　書いて　ありますか。

ポスター 포스터　はる 붙이다　机 책상　メモ 메모　置く 두다　誰 누구　名前 이름

# 문형연습

**01** 다음 예와 같이 문장을 만들어 보세요.

예 靴（が）汚れる

靴（を）汚す

① 車（　　）止める

→ ＿＿＿＿＿＿＿＿＿＿＿＿＿＿＿＿＿＿＿＿。

② バス（　　）止まる

→ ＿＿＿＿＿＿＿＿＿＿＿＿＿＿＿＿＿＿＿＿。

③ 本（　　）並べる

→ ＿＿＿＿＿＿＿＿＿＿＿＿＿＿＿＿＿＿＿＿。

④ 人（　　）並ぶ

→ ＿＿＿＿＿＿＿＿＿＿＿＿＿＿＿＿＿＿＿＿。

# 문형연습

⑤ 電気(でんき)(　　) 消(け)す

→ ＿＿＿＿＿＿＿＿＿＿＿＿＿＿＿＿＿＿＿＿＿＿＿＿＿。

⑥ ロウソクの 炎(ほのお)(　　) 消(き)える

→ ＿＿＿＿＿＿＿＿＿＿＿＿＿＿＿＿＿＿＿＿＿＿＿＿＿。

⑦ 窓(まど)(　　) 開(あ)ける

→ ＿＿＿＿＿＿＿＿＿＿＿＿＿＿＿＿＿＿＿＿＿＿＿＿＿。

⑧ ドア(　　) 開(あ)く

→ ＿＿＿＿＿＿＿＿＿＿＿＿＿＿＿＿＿＿＿＿＿＿＿＿＿。

汚(よご)れる 더러워지다　汚(よご)す 더럽히다　止(と)まる 서다　並(なら)べる 진열하다　並(なら)ぶ 줄서다　ロウソク 양초
炎(ほのお) 불꽃, 불길　ドア 문

## 02 다음 예와 같이 문장을 만들어 보세요.

예 会議 / この 資料を コピーする

A 会議の 前に 何か して おく ことは ありますか。

B そうですね。じゃ、この 資料を コピーして おいて ください。

① 会議 / この 資料を 読む

A ______________________________。

B ______________________________。

② パーティー / ビールを 冷蔵庫に 入れる

A ______________________________。

B ______________________________。

③ コンパ / レストランを 予約する

A ______________________________。

B ______________________________。

④ 旅行 / 行く ところを 調べる

A ______________________________。

B ______________________________。

パーティー 파티　コンパ 학생들이 회비를 걷어서 술 등을 마시며 친목을 다지는 모임　ところ 장소　調べる 조사하다

## 문형연습

**03** 다음 예와 같이 문장을 만들어 보세요.

예 明日(あした)の スケジュールを 確認(かくにん)する / 壁(かべ)に はる

A あの、明日(あした)の スケジュールを 確認(かくにん)しても いいですか。

B いいですよ。壁(かべ)に はって ありますから どうぞ。

① 来月(らいげつ)の カレンダーを 見(み)る / 壁(かべ)に かける

A ______________________________。

B ______________________________。

② カタログを もらう / 机(つくえ)の 上(うえ)に 置(お)く

A ______________________________。

B ______________________________。

③ 辞書(じしょ)を 借(か)りる / そこに 並(なら)べる

A ______________________________。

B ______________________________。

④ コップを 借(か)りる / 棚(たな)に しまう

A ______________________________。

B ______________________________。

スケジュール 스케줄　確認(かくにん)する 확인하다　壁(かべ) 벽　来月(らいげつ) 다음 달　カレンダー 달력　カタログ 카달로그
辞書(じしょ) 사전　コップ 컵　棚(たな) 선반　しまう 치우다

## 회화 체크

•• 다음 밑줄 부분을 보기의 단어로 바꿔가며 이야기해 보세요. 73

| | |
|---|---|
| 林(はやし) | キムさん、会議(かいぎ)の 準備(じゅんび)は 終(お)わりましたか。 |
| キム | はい、朝(あさ) ⓐ 資料(しりょう)を コピーして おきました。 |
| 林(はやし) | あ、もう ⓑ コピーして ありますか。どうも。<br>会議室(かいぎしつ)は 開(あ)いて いますか。 |
| キム | はい、開(あ)けて おきました。 |
| 林(はやし) | では、入(はい)りましょう。 |

**보기** ⓐ 資料(しりょう)を コピーする 자료를 복사하다 ⓑ コピーする 복사하다

- 1 ⓐ 飲(の)み物(もの)を 買(か)う 음료를 사다 ⓑ 買(か)う 사다
- 2 ⓐ 会議室(かいぎしつ)を 予約(よやく)する 회의실을 예약하다 ⓑ 予約(よやく)する 예약하다
- 3 ⓐ 会議室(かいぎしつ)に テーブルと 椅子(いす)を 並(なら)べる 회의실에 테이블과 의자를 배열하다
  ⓑ 並(なら)べる 배열하다

박유리가 후배와 함께 파티 준비를 체크하고 있어요.

회 화

# ビールは 冷蔵庫に 入れて あります

74

後輩　先輩、パーティーの 用意が 終わりました。

パク　そうですか。どうも お疲れさま。
食べ物は 何を 作りましたか。

後輩　たこ焼きと 焼きそばを 作って おきました。

パク　ビールは 買いましたか。

後輩　はい、20本ぐらい 買って おきました。

パク　それじゃ、ビールは 冷蔵庫に 入れて おいて くださいね。

後輩　はい、もう 冷蔵庫に 入れて あります。

先輩 선배　用意 준비　お疲れさま 수고했어요
たこ焼き 다코야키(일본 음식명)　焼きそば 야키소바(일본 음식명)

## 듣기 연습

**01** 다음 대화를 듣고 내용과 일치하는 그림을 고르세요. 75

①

②

③

④

**02** 다음 대화를 듣고 맞는 문장에는 ○, 틀린 문장에는 ×를 하세요. 76

① パスポートは かばんの 中(なか)に 入(い)れて あります。 (　　)

② 飛行機(ひこうき)は 昼(ひる)の 11時(じゅういちじ)です。 (　　)

③ ホテルには まだ 電話(でんわ)して いません。 (　　)

# 단어 총정리

## 체크 포인트 77

- ❑ 授業(じゅぎょう) 수업
- ❑ 始(はじ)まる 시작되다
- ❑ 電気(でんき)を つける 전기를 켜다
- ❑ 冷蔵庫(れいぞうこ) 냉장고
- ❑ 会議(かいぎ) 회의
- ❑ 資料(しりょう) 자료
- ❑ ポスター 포스터
- ❑ はる 붙이다
- ❑ メモ 메모
- ❑ 置(お)く 두다
- ❑ 誰(だれ) 누구
- ❑ 名前(なまえ) 이름

## 문형연습 78

- ❑ 汚(よご)れる 더러워지다
- ❑ 汚(よご)す 더럽히다
- ❑ 並(なら)べる 진열하다
- ❑ ロウソク 양초
- ❑ 炎(ほのお) 불꽃, 불길
- ❑ ドア 문
- ❑ パーティー 파티
- ❑ コンパ 학생들이 회비를 걷어서 술 등을 마시며 친목을 다지는 모임
- ❑ レストラン 레스토랑
- ❑ ところ 장소
- ❑ 調(しら)べる 조사하다
- ❑ スケジュール 스케줄
- ❑ 確認(かくにん)する 확인하다
- ❑ 壁(かべ) 벽
- ❑ はる 붙이다
- ❑ カレンダー 달력
- ❑ カタログ 카달로그
- ❑ 机(つくえ) 책상
- ❑ 辞書(じしょ) 사전
- ❑ 借(か)りる 빌리다
- ❑ コップ 컵
- ❑ 棚(たな) 선반

## 회화 본문 79

- ❑ 先輩(せんぱい) 선배
- ❑ パーティー 파티
- ❑ 用意(ようい) 준비
- ❑ 終(お)わる 끝나다
- ❑ お疲(つか)れさま 수고했어요
- ❑ 食(た)べ物(もの) 음식
- ❑ 作(つく)る 만들다
- ❑ たこ焼(や)き 다코야키(일본 음식명)
- ❑ 焼(や)きそば 야키소바(일본 음식명)
- ❑ 冷蔵庫(れいぞうこ) 냉장고
- ❑ 入(い)れる 넣다

## 듣기 연습 80

- ❑ 絵(え) 그림
- ❑ かける 걸다
- ❑ 描(か)く 그리다
- ❑ 娘(むすめ) 딸
- ❑ パスポート 패스포트(여권)
- ❑ 飛行機(ひこうき) 비행기
- ❑ ホテル 호텔

## 한자 체크

先
먼저 선

음독 せん 훈독 先(さき) 먼저
先生(せんせい) 선생님 先輩(せんぱい) 선배

先 先 先

物
물건 물

음독 ぶつ、もつ 훈독 物(もの) 물건 食(た)べ物(もの) 음식
動物(どうぶつ) 동물 植物(しょくぶつ) 식물

物 物 物

終
마칠 종

음독 しゅう 훈독 終(お)わる 끝나다
終了(しゅうりょう) 종료

終 終 終

## カタカナ 체크

ノート 노트

ノート

メモ 메모

メモ

メール 메일

メール

## 독해 I

● 다음 글을 읽고 내용과 일치하는 것을 고르세요.

明日(あした)は 金曜日(きんようび)ですが 休(やす)みです。明日(あした)から 日曜日(にちようび)まで 3日間(みっかかん) 仕事(しごと)を 休(やす)みます。それで 友達(ともだち)と 山(やま)で キャンプを します。山(やま)で 冷(つめ)たい ビールを 飲(の)みたいです。山(やま)で 本(ほん)を 読(よ)みたいです。きれいな 自然(しぜん)の 中(なか)で ゆっくり 休(やす)みたいです。おいしい 食(た)べ物(もの)と デザートも 食(た)べたいです。

明日(あした)の 朝(あさ)、友達(ともだち)と スーパーへ 買(か)い物(もの)に 行(い)きますから、今(いま)から 銀行(ぎんこう)へ お金(かね)を 下(お)ろしに 行(い)きます。明日(あした)は 朝(あさ) 早(はや)く 出(で)かけますから 今日(きょう)は 早(はや)く 寝(ね)ます。

(1) 今日(きょう)は　a. 金曜日(きんようび) です。
　　　　　　b. 土曜日(どようび)
　　　　　　c. 木曜日(もくようび)

(2) 休(やす)みの 日(ひ)は　a. 家(いえ)で ゆっくり 休(やす)みたい　　です。
　　　　　　b. スーパーへ 買(か)い物(もの)に 行(い)きたい。
　　　　　　c. 山(やま)で ビールを 飲(の)みたい。

(3) スーパーへ 行(い)きますからから、a. 会社(かいしゃ)へ 行(い)きます。
　　　　　　b. お金(かね)を 下(お)ろしに 行(い)きます。
　　　　　　c. お昼(ひる)を 食(た)べに 行(い)きません。

**단어**

- 休(やす)み 쉬는 날
- 3日間(みっかかん) 3일간
- それで 그래서
- 冷(つめ)たい 차갑다
- 自然(しぜん) 자연
- ゆっくり 푹
- 朝(あさ) 아침
- お金(かね)を 下(お)ろす 돈을 찾다, 인출하다
- 早(はや)く 일찍, 빨리
- 出(で)かける 외출하다

## 독해 2

● 다음 글을 보통체로 바꿔 보세요.

私は 小学生の 時、アイスクリームが 好きでした。毎日 友達と 自転車に 乗ったり、テレビゲームを したり して 遊びました。明るくて、元気な 子供でした。高校生の 時は 同じ クラスに 好きな 人が いました。その 人は スポーツが 得意で かっこいい 人でした。卒業してからは 一度も 会ったことが ありません。一度 その 人に 会いたいです。

● 위의 글을 읽고 아래 질문에 답해 보세요. 답은 보통체로 해 보세요.

(1) 子供の 時、何が 好きでしたか。

______________________________

(2) 何を して 遊びましたか。

______________________________

(3) 小学生の 時は どんな 子供でしたか。

______________________________

(4) 高校生の 時、好きだった 人は どんな 人でしたか。

______________________________

**단어**

- 小学生 초등학생
- 自転車に 乗る 자전거를 타다
- 遊ぶ 놀다
- 明るい 밝다
- 元気だ 활기차다
- 高校生 고등학생
- 同じ 같음
- かっこいい 멋있다
- 卒業 졸업
- ～てから ~하고 나서
- 一度も 한번도

쉬어가기

# 「おつかれさまでした」

일본인 선생님은 수업을 마칠 때 보통「おつかれさまでした」라고 하는데, 학생들도 따라서「おつかれさまでした」라고 하는 경우가 아주 많다. 학생들이 '수고하셨습니다'라는 뜻으로 사용하고 있다는 것을 알고 있기 때문에 무슨 뜻을 전하고 싶은 것인지 알고는 있지만 어색함을 느끼는 것도 사실이다.

사카이리 이쿠코(酒入郁子(さかいりいくこ))의『外国人(がいこくじん)が日本語教師(にほんごきょうし)によくする100の質問(しつもん)』에 의하면「ごくろうさまでした」나「おつかれさまでした」는 상대의 노고를 평가하고 위로하는 의미로 사용되는 표현이기 때문에 학생들이 선생님에게 하는 인사말로써는 어색하고, 그것보다는「ありがとうございました」가 가장 일반적이고 무난하다고 결론짓고 있다.

한국의 일본어 교과서를 보면 '수고하셨습니다'는「おつかれさまでした」라고 해석되어 있는 것이 대부분이다. 그로므로 한국인 학습자들은 이러한 점을 주의할 필요가 있다.

환 영

## 그림단어

- ☐ お弁当(べんとう) 도시락
- ☐ 飲(の)み物(もの) 음료수
- ☐ バンジージャンプ 번지점프
- ☐ 泣(な)く 울다
- ☐ 帽子(ぼうし)を かぶる 모자를 쓰다
- ☐ 風船(ふうせん) 풍선
- ☐ 子供(こども) 어린이
- ☐ 禁煙(きんえん) 금연
- ☐ タバコを 吸(す)う 담배를 피우다
- ☐ さる 원숭이
- ☐ お菓子(かし) 과자
- ☐ 写真(しゃしん)を とる 사진을 찍다
- ☐ 並(なら)ぶ 줄서다
- ☐ 乗(の)る 타다
- ☐ アイスクリーム 아이스크림
- ☐ ごみ 쓰레기
- ☐ ごみ箱(ばこ) 쓰레기통
- ☐ 缶(かん) 캔
- ☐ ベンチ 벤치
- ☐ 話(はな)す 이야기하다
- ☐ 警察(けいさつ) 경찰
- ☐ トイレ 화장실
- ☐ けが 상처

# 듣기 스크립트 및 정답

## 第01課 安(やす)くて おいしい 料理(りょうり)です

**01**

① この 映画(えいが)は おもしろいです。

② この かばんは かわいく ありません。

③ この スカートは 短(みじか)いです。

④ この 店(みせ)は サービスが よくて きれいです。

**정답** ①-ⓑ ②-ⓑ ③-ⓑ ④-ⓐ

**02**

田中(たなか) おもしろい 映画(えいが)と 怖(こわ)い 映画(えいが)と どちらが 好(す)きですか。

キム そうですね。おもしろい 映画(えいが)より 怖(こわ)い 映画(えいが)の ほうが 好(す)きです。

田中(たなか) キムさんは「여고괴담」を 見(み)ましたか。

キム はい、見(み)ました。本当(ほんとう)に 怖(こわ)かったですね。

**정답** ①-X ②-X ③-X

## 第02課 お金(かね)が 一番(いちばん) ほしいです

**01**

ⓐ 誕生日(たんじょうび)の プレゼントに 子犬(こいぬ)が ほしいです。

ⓑ 新(あたら)しい パソコンが ほしいです。

ⓒ お金(かね)は ほしく ありません。休(やす)みが ほしいです。

ⓓ 子供(こども)の 時(とき) 自分(じぶん)の 部屋(へや)が ほしかったです。

**정답** ①-ⓓ ②-ⓑ ③-ⓒ ④-ⓐ

**02**

佐藤(さとう) パクさん、週末(しゅうまつ)に 何(なに)が したいですか。

パク 私(わたし)は 家(いえ)で ゆっくり 休(やす)みたいです。佐藤(さとう)さんは 何(なに)が したいですか。

佐藤(さとう)　そうですね。私(わたし)は　音楽(おんがく)を　聞(き)きながら　ドライブが　したいです。

정답　①－X　②－X　③－○

## 第03課　家(いえ)に　帰(かえ)って　何(なに)を　しましたか

01

① 今日(きょう)は　家(いえ)で　ゆっくり　休(やす)んで　ください。

② ここで　ちょっと　待(ま)って　ください。

③ 薬(くすり)を　飲(の)んで　ください。

④ すみません。ちょっと　そこの　塩(しお)を　取(と)って　ください。

정답

① 休(やす)んで

② 待(ま)って

③ 飲(の)んで

④ 取(と)って

02

今日(きょう)は　5時(ごじ)に　起(お)きて　シャワーを　浴(あ)びて　朝(あさ)ご飯(はん)を　食(た)べて　家(いえ)を　出(で)ました。バスに　乗(の)って　会社(かいしゃ)に　行(い)きました。コーヒーを　1杯(いっぱい)　飲(の)んでから　仕事(しごと)を　始(はじ)めました。

정답

①－ⓑ　②－ⓐ

③－ⓐ　④－ⓑ

## 第04課　どんな　服(ふく)を　着(き)て　いますか

01

ⓐ 帽子(ぼうし)を　かぶって　います。

ⓑ スカートを　はいて　います。

ⓒ スーツを　着(き)て　います。

ⓓ 眼鏡(めがね)を　かけて　います。

정답

①－ⓐ　②－ⓓ

③－ⓒ　④－ⓑ

**02**

田中　キムさん、パクさんは 何を して いますか。

キム　外で 友達と 話して います。

田中　そうですか。じゃ、ソンさんは どこに いますか。

キム　ソンさんは 今、買い物に 行って います。

**정답**　①-X　②-○　③-○

## 第05課 子供の 時 お小遣いを もらって いましたか

**01**

私は 田中さんに ケーキを あげました。

友達が 妹に 人形を くれました。

林さんは 佐藤さんに ワインを もらいました。

姉が 私に ネックレスを くれました。

**정답**

ⓐ - ⅱ - ③

ⓑ - ⅳ - ④

ⓒ - ⅰ - ①

ⓓ - ⅲ - ②

**02**

林　イさん、今年の 誕生日に 何を もらいましたか。

イ　母には 時計を もらいました。それから、友達には ゲームソフトを もらいました。

林　そうですか。イさんは ゲームが 好きですか。

イ　はい、とても 好きです。林さんの 誕生日は いつですか。

林　11月 8日ですよ。

**정답**　①-X　②-X　③-X

# 듣기 스크립트 및 정답

## 第06課 彼氏が 買って くれました

**01**

①

キム　田中さんの 誕生日に ロレックスの 時計を 買って あげました。

鈴木　キムさん、すごいですね。

②

鈴木　田中さん、これは いい 写真ですね。

田中　キムさんに 撮って もらいました。

③

田中　キムさん、昨日の 日本語の テストは 大丈夫でしたか。

キム　ええ、鈴木さんが 教えて くれましたから。

**정답**

① キム / 田中
② 田中 / キム
③ キム / 鈴木

**02**

キム　シャワーは 夜 1時までです。それから…。

田中　洗濯は 何時までですか。

キム　夜 11時までです。11時からは 洗濯を しては いけません。

田中　部屋で 食べ物を 食べても いいですか。

キム　はい、食べても いいですが、お酒は 飲んでは いけません。

**정답**

①－○　②－X
③－X　④－○

## 第07課 合コンを した ことが ありますか

**01**

鈴木さんは、雑誌を 読んだり、音楽を 聞いたり して います。田中さんは、お茶を 飲んだり、話したり しています。パクさんは、料理を作ったり、DVDを見たりしています。キムさんは、ゲームをしたり、寝たりしています。

정답 ①－ⓒ　②－ⓓ　③－ⓑ　④－ⓐ

**02**

鈴木　パクさんは日本で相撲を見たことがありますか。

パク　はい、私は相撲が好きで、日本で時々相撲を見に行きました。

鈴木　どうでしたか。

パク　韓国のテレビで見たこともありますが、テレビで見るより雰囲気がよくて楽しかったです。

정답 ②

## 第08課 何も食べないでコーヒーを飲むのは体によくありません

**01**

田中　佐藤さん、風邪はどうですか。

佐藤　まだ頭がちょっと痛いです。

田中　薬は飲みましたか。

佐藤　はい、飲みました。

田中　＿＿＿。

정답 ⓑ

**02**

医者　胃が悪いですから、辛いものは食べないでください。

田中　肉は食べてもいいですか。

医者　ええ、いいですよ。コーヒーはよく飲みますか。

田中　1日に5杯ぐらい飲みます。

医者　そうですか。コーヒーはあまり飲まないで水をたくさん飲んでください。

정답 ①－X　②－○　③－X　④－○

# 듣기 스크립트 및 정답

## 第09課 漢字も 覚えなければ なりませんよ

**01**

佐藤さんは 明日 テストが ありますから、今日は 勉強しなければ なりません。CDは 聞かなくても いいですが、単語は 覚えなければ なりません。夜は 友達が 来ますから、掃除を しなければ なりません。でも、料理は 作らなくても いいです。

**정답** ①−○ ②−X ③−○ ④−○ ⑤−X

**02**

①

男 顔色が 悪いですね。

女 ちょっと 頭が 痛くて…。

男 ______。

②

男 最近、太りましたか。

女 ええ、ちょっと。

男 ______。

**정답** ①−ⓑ ②−ⓒ

## 第10課 ビールは 冷蔵庫に 入れて あります

**01**

男 あそこに 絵が かけて ありますが、誰が 描きましたか。

女 娘が 描きました。

男 娘さんは 絵が 上手ですね。

女 ええ。机の 上にも たくさん 置いて ありますから、見て ください。

**정답** ①

## 듣기 스크립트 및 정답

**02**

田中(たなか)　キムさん、パスポートは どこに ありますか。

キム　かばんの 中(なか)に 入(い)れて おきました。

田中(たなか)　ありがとうございます。飛行機(ひこうき)は 何時(なんじ)ですか。

キム　昼(ひる)の 12時(じゅうにじ)です。

田中(たなか)　ホテルには 電話(でんわ)しましたか。

キム　いいえ、まだです。

田中(たなか)　早(はや)く 電話(でんわ)して おいて ください。

정답　①-○　②-X　③-○

# EASY ICHIBAN 일본어 초급 2


초판발행 2010년 7월 25일
1판 10쇄 2025년 4월 20일

감수 김조웅
저자 박나리, 김선혜, 김선리, 田立いずみ
책임 편집 조은형, 김성은, 오은정, 무라야마 토시오
펴낸이 엄태상
콘텐츠 제작 김선웅, 장형진
마케팅 이승욱, 왕성석, 노원준, 조성민, 이선민
경영기획 조성근, 최성훈, 김다미, 최수진, 오희연
물류 정종진, 윤덕현, 신승진, 구윤주

펴낸곳 시사일본어사(시사북스)
주소 서울시 종로구 자하문로 300 시사빌딩
주문 및 교재 문의 1588-1582
팩스 0502-989-9592
홈페이지 www.sisabooks.com
이메일 book_japanese@sisadream.com
등록일자 1977년 12월 24일
등록번호 제 300-2014-92호

ISBN 978-89-402-7235-0 18730
978-89-402-7238-1 18730 [set]